Cosima Bellersen Quirini

100 besondere Orte auf Langeoog

Fotos von Ulrich Loeper

Schadinsky Verlag

MIX
Papier aus verantwortungsvollen Quellen
FSC® C004192
www.fsc.org

Schadinsky-Werbung GmbH & Cie KG
Bahnhofstraße 30, 29221 Celle
www.schadinskyverlag.de

Originalausgabe

Umschlaggestaltung und Layout: Schadinsky Verlag / Kerstin Haberberg
Lektorat: Wolfgang von Rekowski
Fotograf: Ulrich Loeper
Druck und Bindung: Kessler Druck + Medien GmbH & Co. KG

ISBN: 978-3-9812133-6-2
Printed in Germany 2016

„Ich liebe das Meer wie meine Seele,
oft wird mir sogar zumute,
als sei das Meer eigentlich meine Seele selbst."

Heinrich Heine

Vorwort der Autorin

Gott schuf das Meer, der Friese seine Küste, so sagt man, und besagte küstenaffinen Friesen grüßen sich mit „Moin!“ Das ist der typische Gruß. Das heißt auf Ostfriesisch gut oder schön. Zum Grüßen wurde irgendwann das „n“ dran gehängt – und es steht beliebig für sämtliche Tageszeiten. So ist der Gruß von morgens bis abends alltagstauglich und demzufolge hat er mit dem Morgen als solchem, von südlich beheimateten Festländern oftmals so interpretiert, nur zeitweise zu tun. „Moin Moin“ übrigens, die allseits beliebte Dopplung, ist nicht langeoogerisch! Das sagen, so die Insulaner, nur die Schwätzer, was zu sein den eher als schweigsam geltenden OstfriesenInnen nun wirklich nicht nachgesagt werden kann!
Langeoog also. Das heißt nichts anderes als „Lange Insel“. Doch welche von den sieben ostfriesischen Inseln ist überhaupt die „lange Insel“?
Welcher **S**eemann **l**iegt **b**ei **N**elly **i**m **B**ett? Mit diesem Satz, eine Eselsbrücke für die Reihenfolge von Ost nach West aufgereiht, können Sie sich diese gut merken. Langeoog ist das L von liegt. Und wie lautet der Rest? Ganz einfach: Vorweg das W gehört zu Wangerooge und das S zu Spiekeroog, danach das erste B zu Baltrum. N steht für Norderney, I für Juist und das zweite B für Borkum.
Die Ostfriesischen Inseln sind übrigens sogenannte Düneninseln, entstanden aus Sedimenten, die sich zunächst zu Sandbänken ansammelten, die sich durch Pflanzenbewuchs natürlich befestigten und durch Ansammlung von weiterem Sand anwuchsen. Die nordfriesischen Inseln und die Halligen indes sind ehemals Teile des Festlands gewesen.
„Du schönes Langeoog… du musst so bleiben…“, so sangen nicht erst die Stars in den Siebzigern das Loblied auf das Eiland! Für viele ist Langeoog die „Insel des Lebens“, wie die Einwohner (etwa 1800) für ihre kaum zwanzig Quadratkilometer große Insel werben, ein unbekannter oder unbedeutender Fleck auf der Landkarte irgendwo im Norden, für manche Kranke aufgrund des Heilklimas die Hoffnung auf Genesung – und für viele andere einfach nur die Insel der Glückseligkeit schlechthin. Für manche steht die Insel als Inbegriff ungemütlich steifer Brisen und eisiger Ostwinde, für unzählige Fans ist sie die Insel mit *dem* Strand des Nordens. Egal wie – die ostfriesische Nordseeinsel Langeoog, eingebettet in den Nationalpark Niedersächsisches Wattenmeer und nur wenige Kilometer vom Festland entfernt, polarisiert: Über 1500 Stunden Sonnenschein im Jahr. Autofreier Urlaubstraum. Einzigartige Dünenlandschaft. Radlerparadies. Wandererparadies. Reiterparadies. Kinderparadies. Sportlerparadies. Sand, so weit das Auge reicht – der vierzehn Kilometer lange Strand ist legendär. Seltene Kröten und Falter sind hier zu finden und hin und wieder ist im Wattenmeer selbst ein Wal, der kleinste seiner Art, der kaum anderthalb Meter lange Schweinswal, zu entdecken.

Langeoog ist eines der größten Vogelschutzgebiete in Deutschland, erste Fairtradeinsel Deutschlands – und der Grund und Boden teils so teuer wie in Deutschlands größten Städten. Die Stichworte dazu: Syltisierung, Ausverkauf der Inseln. 1996 wurde Langeoog vom „Focus" als Insel Nr. 2 in Deutschland nach Borkum ausgezeichnet. 2007 bekam sie den Titel „Bestes Seebad in Deutschland" vom Europäischen Tourismus Institut der Universität Trier verliehen. Es ist, ganz nach dem Motto „Nordsee ist Mordsee", mehrfach bereits Schauplatz für Krimis in Wort und Film gewesen, ebenso Stoff für freche TV-Beiträge wie 2005 in Verstehen Sie Spaß, als das kleine Eiland plötzlich zur von der BRD abgespalteten und unabhängigen Inselrepublik mit Visumspflicht, Zollstation und eigener Währung mutierte. Oder für Aprilscherze: Es ging sowohl die Mär um, die Rolling Stones wollten im Langeooger Pirolatal ein Konzert geben, als auch, dass ein U-Bahn-Anschluss bis zur Insel verlegt werden würde. Am 1. April 2013 machte eine Meldung des NDRs die Runde, die besagte, dass die „lange Bense", ein Tunnel, der unterm Watt entlang verbaut wurde, fortan den Frachttransfer zwischen Bensersiel und der Insel regeln solle. Langeoog inspiriert! Hier entstehen zudem Ideen – demnach soll die erfolgreiche Geschäftskette „Nanu Nana" hier einst gedanklich ihren Anfang genommen haben.
Und als familienfreundlich gilt Langeoog obendrein, wofür sicherlich Einrichtungen wie der große Spielplatz am Flughafen, Spöölhus und Spöölstuv sorgen, in denen die Kleinen und nicht mehr ganz so Kleinen bei schlechtem Wetter kreative Zerstreuung, Anregungen und Abwechslung finden können.

Seit 2009 bezeugen über 200.000 Übernachtungsgäste pro Jahr, etwa 1.525.750 Übernachtungen (davon um die 70 Prozent Stammgäste) und knapp 10.300 Betten den unglaublichen Besucherstrom, der sich übers ganze Jahr verteilt über die Insel ergießt. Um die 120.000 Tagesgäste jährlich nutzen die Möglichkeit, mit der tideunabhängigen Fähre vom Küstenörtchen Bensersiel aus, wo bereits im 17. Jahrhundert ein Hafen angelegt wurde, überzusetzen, um die Insel bei einem Ausflug zu erkunden, und dem Ort, dem Meer und dem herrlichen Strand einen kurzen Besuch abzustatten. Die Fahrt dauert je nach Wind- und Wasserstand etwa 35 bis 50 Minuten.
Langjährige Langeoogurlauber indes genießen einfach nur – und gern auch mal im November, wenn auf der Insel endlich wieder etwas Ruhe eingekehrt ist. Viele „Neue" fahren beseelt zurück ans Festland, die meisten von ihnen kehren der Insel, seit 1830 Seebad und seit 1949 staatlich anerkanntes Nordseeheilbad, nur ungern wieder den Rücken, möchten am liebsten ganz da bleiben (was manche auch tun) oder wenigstens ein- oder gar mehrmals im Jahr wiederkommen. Viele suchen hier für sich Erholung oder auch mal Klärung in Lebensfragen, andere Sonne, Sport, Spaß, Strand oder ein bisschen Kultur.

Und die Einheimischen? Sie leisten harte Knochenarbeit, und zwar übers ganze Jahr verteilt. Die (fast) gästefreie Zeit beschränkt sich auf einige wenige Wochen im Jahr, wenn mal wirklich gerade nirgends in der Republik Schulferien sind. Die Insulaner freuen sich immer sehr auf diese ruhigeren Zeiten, wenn sie wieder unter sich sind. Aber ohne Gäste fließt eben halt nun mal auch kein Geld …

Freuen Sie sich mit mir nun auf eine literarische Inselerkundung. Ich wünsche Ihnen viel Spaß dabei! Für die meisten Fotos in diesem Band zeichnet sich der Celler Fotograf Ulrich Loeper verantwortlich – an dieser Stelle DANKE für diese wunderbaren Aufnahmen!

Viel Spaß beim Lesen wünscht Ihnen
Cosima Bellersen Quirini

By the way: Wenn Sie mal in Ruhe eine Landkarte der Gegend betrachten, sehen Sie von Ost nach West betrachtet noch einige weitere kleine, jedoch unbewohnte ostfriesische Inseln: Östlich von Wangerooge gelegen ist Mellum zu sehen, das streng genommen nicht mehr zu Ostfriesland zählt, sondern zu den Watten im Elbe-Weser-Dreieck gehört, sowie das zweiteilige Minsener Oog. Es folgen Memmert mit Kachelotplate zwischen Borkum und Juist und das Inselchen Lütje Hörn östlich von Borkum.

Für meine Kinder

Ortsübersicht

1 Der Wasserturm

Wahrzeichen der Insel

Man sollte meinen, er sei das höchste Gebäude auf der Insel, doch noch höher ist angeblich der Turm der katholischen Kirche. Dennoch hat sich der denkmalgeschützte Wasserturm auf Langeoog längst zum Wahrzeichen entwickelt und nicht umsonst ist „Willy Wasserturm“, genauso wie die Seemöwe, zum Logo der Gemeinde geworden.

Notwendig geworden war der Bau, um die Wasserversorgung für die Gäste sicherzustellen – der immer stärker aufkommende Fremdenverkehr auf der Insel, 1884 begann erstmals der Hotelbetrieb. 1885 erfolgte der Bau der ersten Strandhalle sowie des Hospizes (siehe auch Kapitel 48 und 19), beides Segen und Fluch zugleich – die Bauten zwangen die Insulaner zum Handeln. Schließlich war es den Sommerfrischlern, welche das Nordseeklima zur körperlichen Ertüchtigung und zur seelischen Erbauung suchten, wirklich nicht länger zuzumuten, mit brackigem Trinkwasser aus Zisternen, Fässern, Brunnen oder Erdgruben, in denen das Wasser schon mal durch Sturmfluten versalzen war, und schlimmer, gelblich aussah oder gar faulig roch, versorgt zu werden. Zudem stank es im Sommer auf der Insel zum Himmel! Aus den Sickergruben nahe den Wohnstätten, die meist nur einmal jährlich im Winter geleert wurden, kroch der Güllegeruch – offene Abwässerkanäle zogen sich durch das Dorf bis zum Watt. Manch' feines Näschen wurde deswegen gerümpft, vielfach Beschwerde eingelegt und, gegen den Widerstand sämtlicher Insulaner, schließlich von den behördlichen Obrigkeiten entschieden: Es musste sauberes Trinkwasser her, wollten die Insulaner den Fremdenverkehr weiterhin aufrechterhalten. Eine Kanalisation sollte angelegt werden mit Wasserleitungen, Wasserwerk, neuen Brunnen und dem besagten Wasserturm. Dafür wurde am 16. Februar 1909 das sogenannte Westkaap auf den Kaapdünen abgerissen, ein Seezeichen, die hölzerne Bake, musste ebenfalls weichen. Am gleichen Tag wurde damit begonnen, das Fundament des achteckigen Turms aus gemauerten Ziegelsteinen nach dem Intze-Prinzip (Intze-2-Behälter mit Innenzylinder) zu errichten. Auf dem Sockel thronte bald der Wassertank, er fasste etwa 100 Kubikmeter und ist heute noch an den angedeuteten Fenstern auf allen acht Seiten erkennbar. Darüber wurde eine begehbare Dachlaterne mit Aussichtsfenstern gesetzt. Der achtzehn Meter hohe Turm wurde verputzt und weiß gestrichen, nur an den Ecken sind die roten Backsteine als Eckpilaster noch zu sehen. Über dem Eingang zum Turm prangt das Wappen der Inselgemeinde.

Für die aufwändige Finanzierung der modernen Wasserver- und entsorgung auf Langeoog wurde übrigens bereits 1906 die Kurtaxe eingeführt. Und Strom gab es dann auch irgendwann – nämlich ab dem Jahr 1923.

turm

Standort: Am Wasserturm
Infos: Besichtigung und Besteigung (in Gruppen bis maximal zehn Personen): April bis Oktober Mo – Fr 10:00 – 12:00 Uhr; Eintritt frei

2 Das Lale Andersen Denkmal

Erinnerung an eine große Sängerin

„Vor der Kaserne vor dem großen Tor, stand eine Laterne und steht sie noch davor. So woll'n wir uns da wiedersehn, bei der Laterne woll'n wir stehn wie einst Lili Marleen" – ein Jahrhunderthit, welchen Lale Andersen, die Sängerin mit dem unnachahmlichen Timbre in der Stimme, einst um die Welt schickte!
Das Lied „Lili Marleen" wurde 1939 zum ersten deutschen Millionenseller und schrieb Schallplattengeschichte, ähnlich wie White Christmas oder Yesterday und avancierte, täglich um 21:55 Uhr beim Soldatensender Belgrad in ganz Europa zu hören, zum internationalen Soldatenlied, bis Reichspropagandaminister Joseph Goebbels es, eindeutig als Antikriegslied zu verstehen, 1942 verbieten ließ. Die 1905 in Lehe bei Bremerhaven als Tochter eines Schiffsstewards geborene Sängerin, die eigentlich Lieselotte Helene Berta Bunnenberg hieß, wurde aus der Reichskulturkammer ausgeschlossen. Andersens Lieder durften nicht mehr im Rundfunk gesendet werden und sie selbst bekam Auftrittsverbot. Die BBC ließ verlauten, die Sängerin sei in ein Lager gebracht worden, daraufhin wurden ihr einzelne Auftritte gestattet – „Lili Marleen" indes durfte sie nicht mehr öffentlich singen. Die später vom amerikanischen Time Magazine in die Liste der berühmten Persönlichkeiten des 20. Jahrhunderts aufgenommene Künstlerin zog sich nach Langeoog zurück und bekam später von den Kanadiern eine Wehrmachtsbaracke geschenkt, den berühmten Sonnenhof. Lale Andersen blieb der Insel treu verbunden. Nach Kriegsende konnte die Künstlerin ihre Arbeit wieder aufnehmen. In den Dreißgerjahren zeitweise mit dem Schweizer Komponisten Rolf Liebermann liiert, heiratete sie 1949 in zweiter Ehe (ihr erster Mann war der impressionistische Maler Paul Ernst Wilke) einen anderen Schweizer Komponisten, „Turi" Artur Beul, der für sie Liedertexte wie „Die Fischer von Langeoog" verfasste. 1972 veröffentlichte die Sängerin ihre Autobiografie. Kurz darauf verstarb sie in Wien. Ihre Urne wurde auf dem Dünenfriedhof (siehe auch Kapitel 28) beigesetzt. Ihr berühmtestes Lied ging mehr als 50- fach übersetzt um die Welt. Und wann und wo auch immer nach 1945 auf der Welt ein Krieg ausbrach oder wieder ausbricht, „Lili Marleen" marschiert mit den Soldaten. Noch heute erklingt das Lied täglich um 22:00 Uhr im Soldatensender Radio Andernach. Den Text dazu verfasste 1915 der Dichter Hans Leip. Die Vertonung übernahm 1937 der Komponist Norbert Schultze, dessen GEMA-Einnahmen bis zum heutigen Tage dem Deutschen Roten Kreuz zufließen. Seit ihrem 100. Geburtstag im März 2005 steht auf Langeoog eine Statue Andersens der Künstlerin Eva Reckers (siehe auch Kapitel 98). Inselgäste genießen zum Frühstück auch mal gerne eine „süße Lale" – kulinarische Erinnerung für die Wahl-Langeoogerin aus Quark-Hefeteig mit Sanddorn, Zimt und Zucker.

Standorte:

Statue: Am Wasserturm
Sonnenhof: Gerk sin Spoor 6
Heimatmuseum: Caspar-Döring-Pad / Mittelstraße
Grab Dünenfriedhof: Gerk sin Spoor
Süße Lale: in Bäckereien

3 Krabbensuppe beim Fischimbiss

Langeoogs feinste Delikatesse

Der Langeooger Fischimbiss gehört zur Insel wie die Dünen und der Strand – jedenfalls seit 1985, als der erste Besitzer einen Frischfischverkauf mit angeschlossener Bratküche unter dem klangvollen Namen „Fischkantje" eröffnete. Seitdem sind einige Jahrzehnte ins Land gegangen und die Bude hat seitdem so manchen Betreiber kommen und wieder gehen sehen, doch sie selbst hat lückenlos Bestand – inklusive der seit 1990 angebotenen Krabbensuppe. Heute heißt der Imbiss „Treffpunkt von früh bis spät", die Karte wurde weiter entwickelt, die Preise ebenso. Aber hier hat sich die Krabbensuppentradition fest und standhaft, wie die Wellenbrecher vor der Küste, allen Wraps und Smoothies der Neuzeit widersetzt. Hier gibt es sie – wie übrigens fast überall in allen möglichen Verköstigungstempeln auf der Insel. Für viele Inselgäste jedoch gehört es zum Ritual: vom Bahnhof erst mal zum Imbiss gehen und Krabbensuppe genießen! Und manche Besucher behaupten sogar, sie kämen eh nur wegen dieser Suppe auf die Insel!
Doch was ist das Geheimnis der Suppe? Ein solider Fischfond, so heißt es, und ein kräftiger Schuss Sherry (oder zwei davon). Oder ist es doch Kognak? Cointreau? Das Geheimnis um das Rezept wird von Betreiber zu Betreiber weitergegeben und ist fast so gut gehütet wie das Coca-Cola-Rezept. Doch wer sich trotzdem daranwagen will – hier ist das Rezept à la Fischkantje:
Je 1 kg Fischkarkasse und ungepulte Nordseekrabben (Schälzeit einrechnen, ca. 1 h), 1 Bund Suppengrün, 1 Zwiebel, ½ l Weißwein (oder Prosecco), 2 Lorbeerblätter, 4 Pfefferkörner, 1 Msp. Curry, einige Spritzer Tabasco, je 2 EL Butter, Petersilie und Dill fein gehackt, 4 EL Sherry o. ä., 50 g Krebspaste (1 Würfel), je 1 – 2 EL gutes Öl, Tomatenmark und Mehl, 1 Becher Sahne, Salz und Pfeffer.

Und so geht's:
Krabben pulen, Gemüse putzen und grob zerkleinern, Öl erhitzen, Krabbenschalen, Fischkarkasse (Haut, Gräten, Kopf, Schwanz, Fleisch) und Gemüse darin kräftig anrösten, mit ca 1,5 – 2 l Wasser ablöschen, Hälfte des Weines und die Gewürze dazugeben, ca 1 h schwach köcheln lassen, eventuell Schaum abschöpfen, Fond durch ein feines Sieb abgießen und dabei auffangen.
Butter schmelzen, Schalotten darin andünsten, Mehl dazugeben, Masse mit dem restlichen Wein, Sherry o. ä. und Fond unter Rühren dazu geben und glattrühren. ½ Becher Sahne, Tomatenmark und Krebspaste einrühren und mit Gewürzen, Salz und Pfeffer pikant abschmecken.
Kurz vor dem Servieren das Krabbenfleisch in der Suppe erwärmen, Rest Sahne schlagen, portionsweise dazugeben und mit den gehackten Kräutern bestreuen.

ope beim

Standort: Ecke Garten-/Barkhausenstraße

4 Im Flinthörn

Durch die Heimat von Watt- und Wasservögeln

Dünen und Wiesen so weit man blicken kann, das ist das Flinthörn. Der Name leitet sich ab von den Begriffen Flint (Feuerstein) und Hörn (Fluthaken). Es umfasst den südwestlich gelegenen Zipfel der Insel Langeoog – und steht unter Naturschutz. Wegen seiner herausragenden Bedeutung wurde der Bereich bereits 1963 als „Naturschutzgebiet Flinthörn" eingerichtet und zählt seit 1986 zur sogenannten Ruhezone (Schutzzone I) im Nationalpark Niedersächsisches Wattenmeer. Das Wattenmeer der Nordsee, das größte Wattenmeer weltweit sowie größtes zusammenhängendes europäisches Feuchtgebiet, zählt seit 2009 zum UNESCO-Weltnaturerbe.

Genau genommen ist das Gebiet Flinthörn auf Langeoog eine ständig wachsende Sandplatte, die, mag man der Historie Glauben schenken, seit der Februarflut von 1825 permanent anwächst. Demnach sollen Teile des Inseldorfes des benachbarten Inselchens Baltrum zerstört und als Trümmer am Flinthörn angetrieben worden sein. Diese wirken wie Hindernisse auf den Flugsand, was zur weiteren Ablagerung von Sand führt – der Beginn der Flinthörn-Dünenbildung. Zudem wurden die Ablagerungen durch den von 1937 bis 1944 erbauten Deich begünstigt. Schicht um Schicht bildete sich die Düne aus, noch immer gut zu erkennen.

Heute ist das Flinthörn die unberührte Heimat von Watt- und Wasservögeln, die auf absolute Ruhe angewiesen sind sowie beliebter Zwischenstopp für Gastvögel auf dem Zug gen Süden und retour. Zwischen Mitte August und Anfang Oktober sammeln sich hier neben vielen weiteren Arten auch die „Extremsportler" unter den Zugvögeln, wie die Pfuhlschnepfe oder der Alpenstrandläufer, für ihren Flug ins Winterquartier. Auf einem anderthalb Kilometer langen Naturpfad entlang des Dünenrandes können Sie entlang der ausgewiesenen Wege – und nur darauf, denn die Ruhezone ist ganzjährig geschütztes Gebiet und das Betreten nur auf den ausgewiesenen Wegen erlaubt – einen Blick in die Welt von Austernfischer, Küstenseeschwalbe, Rohrweihe oder dem selten gewordenen Regenpfeifer erhaschen. Auch Singvögel wie Braunkehlchen oder Steinschmätzer sind hier gerne mal zu Besuch.

Auf bebilderten Tafeln sind ausführliche Informationen über die gesamte Fauna und Flora dieses einmaligen Gebietes nachzulesen. Am Ende des Pfades befindet sich eine Plattform mit Informationshäuschen, hier können Sie den Blick durchs Fernglas schweifen lassen – das Panorama ist ebenso grandios wie die Vogel- und Pflanzenvielfalt. Geführte Wanderungen durch zertifizierte Führer gehören zum festen Bestand des Jahresprogramms der Insel, Kinder werden mit der „Silbermöwe" Korbi kindgerecht geleitet.

In Deutschland gibt es übrigens nur zwei Naturzonen, die Welterbe-Status erlangt haben: Das Wattenmeer an der niedersächsischen Nordseeküste und die Fossillagerstätte Grube Messel bei Darmstadt.

Standort: Zugang vom Rad- und Wanderweg zwischen Hafen und Wäldchen
Infos Führungen: Langeoog News, de Utkieker, Aushänge der Gemeinde, www.regenpfeifertouren.de

5 Das Seemannshus und die Hochzeitssteine

Geschichte trifft Liebe

Als sich der Seefahrer Heinrich Lücken und seine Gemahlin Antje Tjarks Leiß 1794 auf einer kleinen, sturmflutsicheren Dünenlage ein gemeinsames Heim erbauen ließen, konnten die Eheleute wohl kaum ahnen, dass es etwa 200 Jahre später als das wohl älteste noch auf der Insel verbliebene Haus gelten und ein Museum darin untergebracht sein würde – genau genommen sogar mehr als das. Seit 1996 ist darin nämlich auch ein kleines Standesamt eingerichtet, in dem sich Heiratswillige das Jawort geben können. Über die Generationen hinweg blieb stets eine Tochter im Haus wohnen und so wechselten die weiteren Bewohner des Hauses ebenso wie die Namen. Bis weit in die Achtzigerjahre hinein noch in Familienbesitz, ist das baudenkmalgeschützte Seemannshus, wie es heute nach dem letzten Besitzer, dem Spiekerooger Hinrich Seemann benannt wird, Eigentum der Gemeinde Langeoog.

1990 wurde darin ein kleines Heimatmuseum eingerichtet, welches in mehreren Räumen und der nur von außen begehbaren Veranda (früher Frühstücksraum für die Pensionsgäste) auf anschauliche Weise das Leben der einstigen Inselbewohner dokumentiert und zeigt, wie seinerzeit gelebt und gearbeitet wurde. Liebevoll und akribisch zugleich wurden darin unzählige Exponate zusammengetragen: von alltäglichen Küchenutensilien und Fußstövchen zum Aufwärmen kalter Füße, über Teegeschirr, Trachten und Briefen bis zu Spielzeug, Büchern, Zeitungen, Badezeugs, Werbeplakate, Postkarten und unzähligen Fotos.

Wechselnde Ausstellungen zeigen zudem Einblicke in verschiedene Themen, die mit dem Leben auf der Insel und am Meer zu tun haben, zum Beispiel „Badeleben einst und heute“ oder über das Leben der berühmten Sängerin Lale Andersen, die hier einige Zeit ihres Lebens auf der Insel verbrachte (siehe auch Kapitel 2).

In der sogenannten Friesenstube, einst die gute Wohnstube von Heinrich und Antje, ist das romantisch-rustikale Trauzimmer untergebracht, urige Kulisse schon so mancher Eheschließung auf Langeoog. Achten Sie beim Hinein- oder Hinausgehen unbedingt auch auf die Hochzeitssteine, die rund um das Seemannshus verlegt sind! Hier haben sich die Vermählten mit Datum, mit oder ohne Namen oder Initialen verewigt – jedes Paar bekommt nach der Trauung einen Pflasterstein zur Erinnerung an seine Eheschließung in der Friesenstube auf Langeoog.

Standort: Caspar-Döring-Pad / Mittelstraße
Infos: heimatverein-langeoog.de
Öffnungszeiten: mittwochs und freitags 15:30 – 17:30 Uhr, sonntags 10:00 – 12:00 Uhr

6 Project Blue Sea

Müll im Meer geht uns alle an

Früher wurden auf Langeoog, neben Waren vielerlei Art, angeblich auch mal ein Kamel (um 1880) und tatsächlich 1902 ein Wal angetrieben, heute ist es Müll. Dieses dokumentieren die beeindruckenden Figuren vor Saal II im Haus der Insel, Gebilde von „Strandklar", einer alljährlichen Müllsammelaktion. Im Jahr 2014 kamen bei der Aktion etwa vier Tonnen, also 4000 Kilogramm, zusammen, 2015 waren es „nur" 1850 Kilogramm: Zahlen, die schwanken, da sie vom Wetter, von der Dauer der Aktion und Anzahl Suchender abhängen.
Eine Zahl, die trotzdem nachdenklich stimmt und bei der das eigene Konsumverhalten schon mal ins Wackeln geraten könnte. Genau das ist auch das Anliegen des Projektes „Blue Sea", einer Gruppe, die sich dem Schutz der Meere und seiner Bewohner und dem Kampf gegen die maritimen Müllkippen verschrieben hat und das in einer anschaulichen Ausstellung, die mittlerweile dauerhaft auf Langeoog zu sehen ist, auch dokumentiert.
An vielen Sandstränden weltweit kitzeln uns längst nicht mehr nur feine Sandkörnchen unter den Füßen, sondern unzählige Mikroplastikteilchen, zerriebene Kunststoffstückchen, die mittlerweile einen Großteil – zusammen mit Styropor und Gummi bis zu 75 Prozent – der Verschmutzung der Meere ausmachen. Mancherorts ist die Masse des Plastikmülls bereits höher als die des natürlichen Planktons. Der Müll sammelt sich am Meeresboden und ist damit längst in der arktischen Tiefsee angekommen. Die Kosmetikindustrie hat einen großen Anteil daran – in Form von Verpackungen, Polyethylen, Polypropylen sowie Zusätzen beispielsweise für Zahnpflegemittel oder Peelingprodukte. Die darin enthaltenen Weichmacher haben schwere Auswirkungen auf den Organismus von Lebewesen und Schadstoffe wie Insektizide lagern sich an ihnen an. Doch was noch schlimmer ist: Die Plastikteilchen werden von den Meeresbewohnern und Vögeln als Nahrung gesehen, Millionen Seevögel gehen jährlich daran jämmerlich zugrunde. Die Giftstoffe gelangen zudem in die Körper von Fischen und anderen Meerestieren und sind damit dann auch in der Nahrungskette der Menschen angekommen. Viele verschiedene Allergien und entzündliche Prozesse sind darauf zurückzuführen.
Langeoog reagiert. Nicht nur die Dauerausstellung mit Flyern und Fotos will Besucher auf das Thema aufmerksam machen. Seit einigen Jahren stehen an einigen Dünenübergängen große Müllcontainer, in denen Strandgut aus Plastik und ähnlichen Materialien entsorgt werden kann. Viele Strandspaziergänger haben daraus längst einen Sport entwickelt und machen sich stets mit Stoffbeutel auf. Die Funde landen anschließend in den entsprechenden Behältern – vorbildlich und ein kleiner Beitrag zum Schutz der Nordsee.
Und zuhause? Plastik vermeiden – egal ob als Tüte, Spielzeug oder Shampoo! Denken Sie beim Einkauf künftig an die verschmutzten Meere!

Standort: Haus der Insel, Saal II, Kurstraße 1
Öffnungszeiten: montags, dienstags, donnerstags und freitags 10:00 – 12:00 und 15:00 – 17:00 Uhr, mittwochs und samstags 10:00 – 13:00 Uhr

7 Unterwegs durchs historische Langeoog

Ein Rundgang mit den Inselrosen

Dit und Dat vun Insel und Watt, so werben die „Inselrosen“ für ihre Gästeführungen. Zu Recht! Auf einem Spaziergang zu interessanten Häusern, Straßen, Plätzen und anderen Sehenswürdigkeiten lernen Besucher mit Hilke, Meta, Johanna, Schwester Marie, Gertrud und Lale so einiges über die Insel und ihre Bewohner einst und heute. Sehr charmant und auf sehr lebendige Weise erzählen diese etwas über die Geschichte und ebenso Geschichten von und über Langeoog. So entführen sie beispielsweise Besucher bei einer kleinen Zeitreise zu den Anfängen der Seebäderkultur auf der Insel, und berichten zu Ereignissen im frühen wie späteren 20. Jahrhundert ebenso wie über aktuelle Themen.
Die Badefrau Hilke beginnt mit ihren Erzählungen 1885, als Langeoogs Aufstieg zum Seebad nicht mehr aufzuhalten ist. Die Hotelierwitwe Meta informiert über die Gepflogenheiten früherer Hotelbetriebe, über feine Speisekarten und die „oberen Zehntausend“, die Langeoog als Gäste einst beehrten. Mit Johanna wird die Zeit des Ersten Weltkrieges auf der Insel wieder lebendig. Schwester Marie berichtet über die Jahre am Vorabend des Zweiten Weltkrieges und aus den Zeiten, als jüdische Kinder auf Langeoog versteckt wurden (siehe auch Kapitel 81) und diese zusammen mit Buben der Hitlerjugend möglicherweise sogar zeitgleich auf der Insel waren. Gertrud beleuchtet die harten Nachkriegsjahre mit all’ ihren Facetten. Auch die berühmte Sängerin Lale kommt natürlich zu Wort und plaudert ein wenig Geheimnisvolles aus dem Nähkästchen aus.
Hinter den „Inselrosen“ stecken die Gästeführerinnen und langjährigen Freundinnen Birgit Haller und Fiona Wettstein, die mehrfach kostümiert in die verschiedenen Frauenrollen schlüpfen. Bei einem Tässchen Tee, wie auch sonst, wurde die Idee geboren. Haller und Wettstein absolvierten Kurse und Fortbildungen in Sachen Gästeführung bei der LEB (Ländliche Erwachsenenbildung) und sind seit 2014 als zertifizierte Fachkräfte auf der Insel und im Watt unterwegs.
Gelernt haben die beiden Frauen indes etwas anderes. Die gebürtige Nordschwarzwälderin Fiona Wettstein lernte ihren Mann, sozusagen einen Ur-Insulaner, während ihres BWL-Studiums in Worms kennen und zog mit ihm nach Jahren auf dem Festland auf die Insel. Birgit Haller kennt Langeoog aus Familienurlauben von Kindesbeinen an. Die einst im Personal-Management tätige Rheinländerin lernte ihren Mann, einen Darmstädter, auf der Insel kennen und lebt hier seit 2006 mit ihm.
Beide Frauen sind also klassisches „Strandgut“, Leute vom Festland, die von den Einheimischen allzu gerne als solches bezeichnet werden. Dieses war schon in früheren Zeiten meist äußerst wertvoll – und nicht umsonst sind die „Inselrosen“ auf der Insel sehr gefragt!

Treffpunkt Führung: Bahnhofspark
Vorverkauf: VCH Ferien- und Tagungszentrum Bethanien (Erwachsene 12 €, Kinder 5 €, Gruppenpreis 8,50 €)
Rundgänge mit weiteren GästeführerInnen: siehe Aushänge der Gemeinde, Telefon 0 49 72-69 32 66, 267 oder 269 oder E-mail: gruppen@langeoog.de

8 Eine Runde Schlagball

Sportspaß wie zu Zeiten von Turnvater Jahn

Langeoog ist *die* ostfriesische Sportinsel! Kaum sonst irgendwo an der Küste gibt es eine derartige Vielfalt an Sportarten – von der Möglichkeit, dort regelmäßig fürs Sportabzeichen zu trainieren und selbiges auch abzulegen (und das bereits seit den Fünfzigerjahren) – im Jahr 2012 waren es über 2000 Kinder, Jugendliche und Erwachsene – bis zu Power Walking oder Strandsegeln (siehe auch Kapitel 40). Der als Sportstrand ausgewiesene Abschnitt bietet Platz für Mannschaftssportarten wie Beachvolleyball (früher übrigens vor allem für Ältere empfohlen) oder Soccer. Hier treffen sich Menschen jeglichen Alters zu Gymnastik, Nordic-Walking oder zum Lauftraining, Spiel- und Sportgeräte können auch ausgeliehen werden. Viele Wettkämpfe werden hier ausgetragen, wie zum Beispiel der Dünencup im Geräteturnen. Schlägt das Wetter Kapriolen, ist im Sporthus die Möglichkeit gegeben, sich körperlich zu betätigen; nahe liegen zudem Tischtennishalle und Meerwasserhallenbad, bei dessen Eröffnung 1969 der damalige Bürgermeister im Anzug vom Brett ins Wasser sprang. Auch nicht weit entfernt: Tennisplätze mit Innen- und Außenplätzen (1975 erbaut; erste Halle auf den Inseln überhaupt). Hier steht auch der ultimative Springspaß für Jung und Alt – ein riesiges Trampolin. Natürlich sind viele weitere Sportarten wie beispielsweise Golf (Platz wird von Schafen gepflegt) oder Wassersportarten wie Paddling, Segeln, Tauchen, Kiteboarding und Surfen im Angebot. Zudem findet jährlich ein Zentai-Karate-Camp auf der Insel statt. Doch nach langem Dornröschenschlaf ist eine ganz andere Sportart, die bereits in den Fünfzigern en vogue war und mit einem Hauch von Nostalgie daherkommt, zum Kult auf der Insel geworden: Schlagball. Alljährlichen Saisonhöhepunkt bildet das wechselseitig auf den beiden Inseln Langeoog und Spiekeroog ausgetragene Duell zwischen den jeweiligen Inselmannschaften. Fürs Spiel werden ein 7 x 25 Meter großes Spielfeld benötigt, ein hölzerner Schläger namens Klippe, der 60 bis 120 Zentimeter misst, ein etwa 80 Gramm schwerer und mit Haaren gefüllter Lederball – und das etwas komplizierte Regelwerk. Dabei stehen sich zwei Teams von jeweils zwölf Spielern gegenüber und ringen um den Besitz des Schlagrechts. Die Spielregeln ähneln denen von Baseball – Schlagball gilt nicht umsonst als Urbaseball und ist vielerorts auch als „Deutschball" bekannt.
Irgendwie bei so viel geballter sportlicher Leidenschaft beruhigend: Um die 200 Medizinerinnen und Mediziner kommen bereits seit 1958 alljährlich zur sportmedizinischen Weiterbildung nach Langeoog und können hier Kurse und Seminare für die Zusatzbezeichnung „Sportmedizin" belegen; die Zertifizierung erfolgt durch die Ärztekammern.

Schlagbal

Standorte:

Sportstrand: Zugang direkt über den Warmbadweg
Meerwasserbad: Kurstraße
Segelschule: Hafendeichstraße 15
Kitesport: Weststrand
Surfbasis: Polderweg 30
Golfplatz: Flughafenstraße 2

9 Die Washhouse Company

Langeoogs Kultband

Wer die Washhouse Company nicht kennt, kennt Langeoog nicht. Jedenfalls nicht, seitdem die Band regelmäßig (nicht nur) für Gäste auftritt und auf der Insel für gute Laune und ausgelassene Stimmung sorgt!
Der Bandname ist konsequent und erinnert an die Anfänge, als sich vier Shanty-Chorsänger (siehe auch Kapitel 30) Mitte der Achtzigerjahre in einem alten Waschhaus trafen, um zu singen – zunächst Seemannslieder à capella. Dann kam die Idee auf, Shantys und moderne Lieder zu mixen – und zugleich auch zu begleiten. Ralf spielte dazu Gitarre, Dirk die Konzertina, und bald wurde das „Orchester" noch um weitere Spieler und einige Instrumente, Trommel, Mundharmonika und Tamburin, erweitert. Auch ein Waschbrett kam und kommt noch immer oft zum Einsatz. Die Musiker entwickelten bald ihren ganz eigenen Stil, spielen Seasongs, Irish Folk, Seemannslieder sowie Coverversionen bekannter Pop- und Rock-Klassiker. Zum Repertoire zählen zudem auch echte Shantys, sogenannte Arbeitslieder, welche früher auf den großen Seglern von der Mannschaft gesungen wurden, um dabei bestimmte Arbeiten, Segel setzen oder den Anker lichten, zu begleiten – stets im Wechsel mit einem Vorsänger.
Jahrelang spielten die Männer eher im Verborgenen, hin und wieder nur für auserwähltes Publikum. Zwischenzeitlich verstarb Mitgründer Dirk Heutelbeck und es wurde sehr still um die Band. 2007 stieß Torsten zu ihnen, ein Hamburger, der bald nicht mehr aus der Gruppe wegzudenken war. Und dann, 2009, war es endlich soweit – die neu gruppierte Sängertruppe hatte ihren ersten offiziellen öffentlichen Auftritt.
Seitdem sind die vier „Middle-Ager" (je zur Hälfte Insulaner und Zugezogene) Gerrit Agena (Konzertina, Trommel, Kachon, Tamburin), Torsten Meyer (Waschbrett, Tamburin, Kachon), Ralf Preuss (Gitarre, Harmonium, Rahmentrommel) und Harro Schreiber (Harmonium, Rahmentrommel, Flöte, Konzertina, Tamburin) als Band aus der Musikszene Langeoogs nicht mehr wegzudenken. Kein Fest mehr ohne sie, kein Sommer ohne die Vier, welche es schaffen, mit ihrer Musik die gesamte Insel zu rocken – mittlerweile geben sie mehrmals in den Sommermonaten Konzerte im Ort! Ihr Repertoire in mehreren Sprachen reicht dabei vom Inselgassenhauer und längst zur heimlichen Inselhymne gewordenen „Langeoog Liedje" bis zu „The Pirate's Gospel". Neu im Programm: „Insulaner" mit einem Text aus der Feder der baltischen Flüchtlingsfrau Erika von Rosen, die in den Wirren des Zweiten Weltkriegs (siehe auch Kapitel 36) wie viele ihrer Landsleute hier einst Aufnahme fand. Das Lied ist aktueller denn je.
Längst hat die Band auch CDs auf den Markt gebracht: 2009 „Full-Wash-Gang" und 2013 „Aal Clear". Und in Spanien waren sie übrigens auch schon: beim Shanty-Chor-Festival in Torrox-Costa, Andalusien.

Weitere Infos: www.washhouse-company.de

10 Schiffswracks am Strand

Stumme Zeugen einstiger Seefahrt

So recht weiß keiner was, niemand kennt mehr genau die Geschichte des fast neunzehn Meter langen Schiffes, das als Wrack am Strand vor dem Pirolatal als magischer Anziehungspunkt gilt und das Lieblingsziel derer ist, die gerne per pedes gen Ostende spazieren. Vorhanden sind noch Bugsteven, Längsplanken oder Spanten. Manchmal ist das Wrack eine zeitlang verschwunden, wenn es infolge von Strandaufspülungen nicht mehr zu sehen ist oder Sandberge und -täler über das Wrack hinwegfegen. Und dann liegt es plötzlich, besonders bei extremem Niedrigwasser, wieder frei, was den Küstenschützern, Relikt früherer Abenteuerromantik hin oder her, immer große Sorge bereitet. Denn das heißt schließlich, dass der Inselschutz wieder abgenommen hat.
Aber woher kam das Schiff einstmals, wem gehörte es? Aus welcher Zeit stammt es und warum ging es unter? Es wird vermutet, dass es aus der Zeit der Kontinentalsperre durch Napoleon zu Anfang des 19. Jahrhunderts stammt, es wurden einst Kanonenkugeln darauf gefunden. Zudem haben Fachleute das bei dem Plattenbodenschiff verbaute Eichenholz untersucht – die Fällung des Baumes datiert ins Jahr 1798. Im Schifffahrtsmuseum im Haus der Insel ist dem unbekannten Wrack eine Bildergalerie gewidmet. Und hier finden Sie die genaue Lage: www.panoramio.com/photo/14783680.
Doch es gibt noch mehr Wracks in der Nähe zu sehen: Der 1900 erbaute, 75 Meter lange Schraubendampfer der Lübecker Werft Hennry Roch „Heinrich Horn“ sank im Dezember 1917 in der Otzumer Balje, dem Seegatt zwischen Langeoog und Spiekeroog. Noch heute sind bei Niedrigwasser Reste des in zwei Teile zerbrochenen Wracks zu sehen. Wegen schweren Sturms gelang es der damaligen Besatzung des Rettungsbootes Krause unter Führung des Vormanns Casper Otten (eine Straße ist nach ihm benannt) erst einige Tage später, zu dem havarierten Schiff vorzudringen. Doch es war zu spät, von der Mannschaft war niemand mehr an Bord. Der Dampfer war auf dem Weg von Schweden, dort hatte er Holz geladen, nach Delfzijl in den Niederlanden gewesen.
Am Ostende der Insel ist von Zeit zu Zeit noch ein weiteres Wrack im Meer zu entdecken. Hierzu sind mehrere Fakten bekannt. Es handelt sich um die fast 19 Meter lange „Justitia“, einen Fischkutter, der am 10. November 1919 auf Langeoog gestrandet ist. Die völlig erschöpfte Vier-Mann-Besatzung konnte gerettet werden, nachdem das Rettungsboot Reichspost, gleichfalls unter der Führung Ottens, unter großen Strapazen zu dem leckgeschlagenen Schiff, das schon tief auf einer Sandbank lag, gelangt war.
Der englische Dampfer „Ocean King“ versank Ende Januar 1891 vor Langeoog. Wenn auch leider nicht mehr zu sehen – er liegt noch irgendwo unter dem Sand am Ostende verborgen.

ks am Stra

Standorte:

Unbekanntes Wrack: Pirolatal, Übergang zum Strand bei Katastrophenstraße
Wrack „Heinrich Horn“ und Wrack „Justitia“: Ostende

11 Vom Rösten und Brauen auf der Insel

Kaffee und Bier auf Friesisch

Friesisch frischer Kaffeegenuss der feinsten Art, das bietet die Langeooger Kaffeerösterei. Man muss nur einfach der Nase nachgehen! Hier werden sortenreine Hochlandkaffeesorten auf traditionelle und schonende Weise in 25-Kilogramm-Trommelröstern in vier Phasen geröstet. Die erste Phase namens Homogenisierung beginnt bei circa 94 Grad Celsius, die zweite, die Trocknungsphase, steigt auf 128 Grad, die dritte, die Pyrolyse, auf 174 und die vierte Phase, die Ausröstung, schließlich auf 186 Grad. Diese Art der Röstung lässt Kaffeearomen sich besonders voll entfalten und macht den Kaffeegenuss magenfreundlich und bekömmlich. Entkoffeiniert wird durch ein CO_2-Verfahren, diese Sorten sind somit nicht chemisch behandelt. Der Rösterei ist ein Café angeschlossen, dort werden die Bohnen portionsweise gemahlen und der Kaffee wirklich ganz frisch zubereitet. Die Macher der Inselrösterei gehören seit 2010 der Deutschen Röstergilde an und stehen damit für Qualität, traditionelle und gesundheitsbewusste Röstmethoden und fairen Umgang mit Mensch und Natur in den jeweiligen Ursprungsländern. Dazu kommen behutsame Ernten von besonders edlen und seltenen Bohnensorten, beispielsweise indonesische Wild-Kopie-Luwak-Bohnen, hawaiianische Paradiese-Meadows-Bohnen oder Napoleon-Valley-Estate-Bohnen von der bis ins 16. Jahrhundert hinein unbewohnten britischen Insel St. Helena – bekannt durch ihre Rolle als Verbannungsort für Napoleon (Oktober 1815 bis zu seinem Tod im Mai 1821).

Tipp: Auch im Info-Café am Bahnhof, zentraler Anlaufpunkt für Urlaubsgäste, wird selbst geröstet. Besonders lecker ist dort das Frühstück – mit frisch geröstetem Kaffee!

Noch immer ist auch eher ungläubiges Staunen auf den Gesichtern so mancher Gäste zu sehen, wenn sie auch die dazugehörige Inselbrauerei oder jedenfalls das dort gebraute Bier entdecken, welches bereits im Ausschank ist. Die Brauerei ist seit 2007 auf Langeoog tätig und kann ebenfalls mit dem Alleinstellungsmerkmal „erste und bislang einzige Brauerei“ auf den Inseln Ostfrieslands aufwarten.

„Entdecken Sie den einzigartigen Geschmack“ – so lautet das Motto der Betreiber, „klein und fein“ ist zudem deren Philosophie, und so sind zwar nur wenige Biersorten im Angebot, doch dafür schmecken diese auch besonders köstlich: Langeooger Inselbier Dunkel, Pils und Hefe.

Daneben können Sie sich auch an Bierschnaps, Bierlikör, Bierfeuer und Bierbrand laben oder Bierschokolade und sogar Bierbrot probieren. Selbst Bierseife ist zu bekommen: eine milde Seife, die einen feincremigen Schaum entwickelt! Und für Sammler ist dieses das wichtige Urlaubsmitbringsel: der jedes Jahr neu aufgelegte Bierdeckel der Langeooger Brauerei!

Standorte:
Hauptstraße 21 – 23
Wiesenweg 1

12 He’ Tant

Wo einst die Inselhebamme wohnte

„He’ Tant“, riefen die Menschen früher über die Insel, wenn ein neuer Erdenbürger sich anschickte, auf die Welt zu streben und die Hilfe der Inselhebamme Margaret Lüken benötigt wurde. „Tante Margaret“ war stets zu Diensten. Im Ostfriesischen sagt man das aber nicht so herum, sondern umgekehrt, nämlich Margaret Tant. Der Name Margaret war jedoch viel zu lang, daher entstand dann irgendwann mal „Het“ daraus und das „t“ fiel schließlich der Umgangsprache zum Opfer, wurde geschrieben durch ein kleines Strichlein ersetzt und gesprochen einfach verschluckt. Und so wurde aus Margaret Lücken eben kurz und bündig „He’ Tant“. Viele Jahre wirkte sie auf Langeoog, unzähligen Inselkindern hat sie auf die Welt verholfen. Es geht zudem die Mär, dass die von ihr entbundenen Insulanerkinder früh ans Teetrinken gewöhnt wurden. Angeblich riet die Inselhebamme den Müttern, sie sollten nach dem Stillen den Kleinen stets ein Löffelchen aus der eigenen Tasse des Ostfriesentees, welchen diese zum Zwecke der vermehrten Milchbildung zu sich nehmen sollten, verabreichen.
Einst wurden in dem Wohnhaus, in dem ihr Mann Lüke Lüken eine Pension betrieb, auch Pelzwaren und Bekleidung aller Art angeboten, bis 2005 schließlich die Familie Agena sich entschloss, darin ein friesisches Café-Restaurant mit Namen „He’ Tant“ zu eröffnen. Seitdem erinnert es an das Wirken der Hebamme vor Ort. Heute ist das barrierefreie Café-Restaurant mit dem nostalgisch-friesischen Flair einstiger Inselwohnzimmer nicht mehr aus dem Ortsbild wegzudenken. Die Einrichtung besteht aus von Familienmitgliedern, Insulanern und Gästen gleichermaßen liebevoll zusammengesammelten Einzelstücken. Die Kronleuchter stammen aus dem ehemaligen Seehotel an der Barkhausenstraße, andere Leuchten vom örtlichen Fischhändler und aus einer ehemaligen Arztpraxis am Festland, die alte Garderobe war das Geschenk eines Insulaners. Manche Bank und mancher Stuhl sind ebenso wie viele andere Gegenstände, eine antike Uhr, friesisch-blaue Teller, leinene Tischdecken oder Blumentöpfe mit Goldrand, Spenden von freundlichen Kurgästen. Gardinen wurden aus Bettwäsche, erstanden beim Trödler, genäht. Und überall hängen alte Fotos, welche das Konterfei der Inselhebamme zeigen, mal mit, mal ohne Lüke, ihren Mann.
Das familiengeführte „He’ Tant“ bietet vor allem Regionales, saisonale und maritim-friesische Küche sowie Kuchen und Torten aus der eigenen Backstube – auch Diabetiker und Allergiker können hier ohne Reue schlemmen. Bereits zu den Klassikern zählt mittlerweile die Tradition des Silvesterfondues im „He’ Tant“. Da können Sie gemütlich von rein vegan bis Fleisch pur am Kaminfeuer dem neuen Jahr entgegenfuttern.

Standort: Barkhausenstraße 7

13 Sanddorn

Auf der Suche nach den leuchtenden Beeren

Sanddorn hat viele weitere Namen wie beispielsweise Dünendorn, Haffdorn, Seedorn, Sandbeere oder Rote Schlehe. Gemeint ist jedoch immer das Gleiche, ein Strauch mit silbriggrünen Blättern, scharfen Dornen und hellorange leuchtenden Beeren, die einen sehr hohen Vitamin-C-Gehalt, nur sechs Beeren decken den Tagesbedarf, vorweisen können. Sanddorn zählt zudem zu den wenigen Obstsorten, die Vitamin B12 enthalten und gilt damit als wichtiger Spender vor allem für Veganer, da es ansonsten vornehmlich in Fleisch (Innereien), Fisch, Eiern und Milchprodukten vorkommt. Sanddorn enthält zudem entzündungshemmende Wirkstoffe, in der Heilkunde ist er als Inhaltsstoff nicht nur in Hautpflegeprodukten beliebt – schon immer gelten Creme, Saft oder Öl mit Sanddorn als solides Heilmittel bei trockenen Augen bei Mensch und Tier (vor allem Pferden), als wirkungsvolle Helferlein bei entzündlichen Hautprozessen wie Neurodermitis, als Radikalenfänger und Zellerneuerer.

Der Strauch wächst bis zu einer Höhe von etwa drei Metern und trägt in der Regel erstmals nach vier Jahren. Für den Ernteerfolg werden stets weibliche und männliche Pflanzen benötigt – bis auf eine Sorte, die als selbstfruchtbar gilt. Die Zeit der mühsamen Beerenernte auf der Insel, die Stacheln sind unangenehm und die reifen Beeren zugleich sehr weich, liegt zwischen August und Oktober, obwohl die Langeooger sagen, einmal muss der Frost drüber. Möchten Sie selbst ernten, funktioniert das am Besten nach einem ordentlichen Regenguss (spart das Waschen). Dafür schneiden Sie die Endtriebe mit den daran hängenden Beeren vorsichtig ab, lösen die Beeren und pressen diese kalt aus. Auch machbar: zunächst die Beeren an den Ästchen ins Eisfach legen, dann funktioniert das Ablösen später besser. Sie können die Beeren auch abschütteln, vorher sollten Sie helle Tücher unter den Sträuchern auslegen, oder Sie „melken" die Beeren – Eimer drunter halten und sie dabei ausdrücken.

Auf der Insel ist Sanddorn, der gerne auch als „Zitrone des Nordens" betitelt wird und dessen ursprüngliche Heimat in Nepal liegt, allerorts zu finden, mag der Strauch doch am liebsten viel Sonne, sowie sand- und kalkreiche Böden. Zudem ist er als Pionierpflanze für die Dünensicherung nicht mehr von der Nordseeküste wegzudenken. Doch Achtung – zum Ernten dürfen Sie die ausgewiesenen Wege niemals verlassen, mag der orangefarbene Schatz auch noch so locken! Denn nur dort, wo der Sanddorn dicht an dicht steht, kann sich Sand anlagern, der die Insel vor Orkanen und Sturmfluten schützt.

Ob frisch vom Strauch oder bereits bearbeitet als Tee, Saft pur oder Zugabe in Suppe, Bowle, Dipp oder Dressing, als Öl, Schnaps, Likör, Sirup, Marmelade, Creme oder Seife angeboten, greifen Sie zu, Sanddorn ist gesund! Besonderer Tipp: Sanddorneis aus der Eisdiele – mit Schokoüberzug!

Standorte: An den Dünenübergängen am Wasserturm und an der Katastrophenstraße, hinter den Kinderkuren oder Richtung Ostende

14 Das Wäldchen

Langeoogs grüne Lunge

Auf der Insel Langeoog ist die Luft wunderbar frisch. Eine „grüne Lunge“, wie Wälder und Parks besonders in größeren Städten oft bezeichnet werden, ist im Grunde überflüssig – Sauerstoff gibt es an der Nordseeküste im Übermaß und der Ozonwert liegt hier ohnehin etwas höher als im Binnenland. Der Wind, sozusagen ein natürliches Aerosol und bestehend aus winzigen Wassertröpfchen, Salzpartikeln, Spurenelementen und vielen anderen Stoffen aus dem Meerwasser, sorgt für freien Atem, bessere Haut und für die Stärkung des Immunsystems. In Kombination mit dem Sonnenlicht, welches die körpereigene Vitamin-D-Produktion anregt, sorgt das Klima zudem für eine Normalisierung des Blutdrucks.
Trotzdem ist auf Langeoog ein 150 Hektar umfassendes Waldgebiet, liebevoll von den Bewohnern „das Wäldchen“ genannt, zu finden – doch das erst seit den Dreißigerjahren, denn eigentlich gibt es auf ostfriesischen Inseln keine natürliche Bewaldung, von meist eher krüppeligen Baumansammlungen in den Dünen oder wirklich sturmfesten Windflüchtern einmal ganz abgesehen. Noch vor dem Zweiten Weltkrieg war die Gegend Wattgebiet gewesen, welches erst ab Sommer 1937 zu militärischen Zwecken, nämlich für den Bau eines Fliegerhorstes, weichen musste und dafür gänzlich mit Sand der Flinthörn- und Westdünen aufgespült wurde. Flugfelder, Straßen und bald auch eine Hafenmole wurden angelegt, Flugzeughallen, Schutzbunker und Unterkünfte in Form von Barackenlagern errichtet. Das Gelände diente ab Sommer 1940 als Ausbildungsstätte für Rekruten und als Standort von Jägerstaffeln.
Nach Kriegsende war die vollständige Entmilitarisierung Deutschlands eine zentrale Aufgabe der Besatzer. Das Bitumenfeld wurde gesprengt, die Brocken teils für neue Wege genutzt. Die ehemals geteerten Flächen wurden aufgepflügt und zunächst als Nutzgarten und Apothekergärtchen genutzt – Bitumen erwies sich als überaus effektiver Dünger, so behaupten einige Insulaner, und noch heute sind tief im Wäldchen Gewürz- und Heilpflanzen zu finden. Im Oktober 1952 begann die planmäßige Aufforstung der Fläche. Innerhalb von acht Wochen pflanzten die damaligen Bewohner Langeoogs 35.000 Bäumchen, Birke, Eiche, Erle, Esche, Fichte, Kiefer und Pappel sowie Wildrosen und Weißdorn an.
Wenige militärische Areale sind heute noch zu sehen, wenn teils auch nur noch in einigen Überresten und eher als Ahnung erkennbar: die Hafenmole und Teile des Rollfeldes sowie die von den Insulanern innig gehegten Schrebergärten.
„Das Wäldchen“ indes ist zu einem veritablen Wald mit vielen schönen und verwunschenen Wegen angewachsen.

Standort: Gebiet zwischen Hafen, Südrand des Dorfes und Süderdünen

15 Das Retro-Hotel

Flower Power lässt grüßen

Früher hieß der Bau „Haus Westfalen“ und er war das erste Hotel auf der Insel mit einer Dusche direkt im Zimmer. Seitdem hat das Haus eine wechselvolle Hotelgeschichte erlebt, die 2007 nach Jahren des Leerstandes eine völlig neue Konzeption als Retro-Design-Hotel erhielt. Es ist heute das erste und bislang einzige seiner Art auf den ostfriesischen Inseln und wird gemäß dem Motto der Betreiberfamilie: „Wer nicht mit der Zeit geht, geht mit der Zeit“, geführt.

Über allem weht hier nun der bunte Geist der Hippie-Kultur. Dieser war damals nicht nur ein Rausch von Farben und neuer Musik, man denke nur an die Beatles oder das Woodstock-Festvial, Janis Joplin und Jimi Hendrix, sondern vor allem die Sehnsucht nach Freiheit und Frieden und – intensivem Haschischkonsum. Parolen wie „Am Morgen ein Joint und der Tag ist dein Freund“, gehörten dazu und spiegeln noch heute das wilde Lebensgefühl jener Jugend, die nach den Nachkriegsjahren und dem Wirtschaftwunder in den Fünfzigerjahren Wege der Abgrenzung zur Bürgerlichkeit der Eltern, der Politik, der Doppelmoral und den gesellschaftlichen Tabus suchte. Sex, Drugs and Rock'n Roll wurden zum wichtigsten Lebensinhalt, das Verhalten wurde komplett neu definiert. Das Aussehen zeigte sich deutlich abhebend in Form bunter Kleidung und weiten Schlaghosen, Plateauschuhe hielten Einzug in die Schuhschränke. Angesagt waren plötzlich Batikröcke, Blumenkränze und Haarbänder, bei den Frauen BH-freie Looks oder gerne auch bei beiden Geschlechtern mal der Nude-Look – was hieß: gar nichts an, nackt. In Sachen Möbel- und Hausdekor, Tapeten und Teppichen, wurden starke Farben wie orange, gelb, pink, grün, braun oder rot zum allerletzten Schrei. Wilde Farbzusammenstellungen und Muster waren ebenso typisch wie Interieur aus dem wieder entdeckten Material Kunststoff.

Das Retro-Design-Hotel folgt dem damals vorherrschenden Trend getreu dem Slogan „Back to the 70's“! In jeder Ecke ist darin Flower-Power-Design zu entdecken, die knalligen und manchmal beinah schreiend bunten Höhepunkte jener Zeit. Eiersessel als stilvolle Klassiker runden das Design auf angenehm zeitlose Weise ab. Doch Retro hin oder her, in jedem der luxuriös ausgestatteten Zimmer findet sich der neueste Stand der Technik. Und besondere Schmankerl fehlen auch hier nicht. Die Juniorsuiten beispielsweise sind mit freistehendem Whirlpool für jeweils zwei Personen ausgestattet – eine augenzwinkernde Anleihe an „Make love, not war“. Das Haus steht für gesunde Hotelkultur. Die Drogen haben heute andere Namen als in den Siebzigern – sie nennen sich gerade auf Langeoog Farben, Schleiflack, Sonne – und frische Nordseeluft!

Hotel

Standort: Abke-Jansen-Weg 6

16 Das Pirolatal und das Schlopp

Idylle trifft Wasserschatz

Etwa zwei Kilometer lang und bis zu 300 Meter breit – idyllische Dünenlandschaft pur, so weit das Auge reicht, so könnte man in kurzen Daten das Pirolatal auf Langeoog skizzieren, welches sich vom nordöstlichen Rand des Ortes bis zum Schloppsee erstreckt. Seinen Namen verdankt das Tal der unter Naturschutz stehenden Pflanze Pirola (pyrola rotundifolia) aus der Familie der Heidekrautgewächse, auch unter den Namen Juniglöckchen, Dünenmaiglöckchen oder Rundblättriges Wintergrün bekannt. Die Pflanze mit den weißlich glockigen Blüten (Blütezeit Juni bis September) ist im Tal jedoch leider sehr selten geworden.
Die Dünenkette, welche das Pirolatal vom Strand abgrenzt, wurde im Laufe der Jahrhunderte immer wieder Opfer von schweren Sturmfluten. Heute sorgen Verstärkungen der Schutzdünen durch Strandaufspülungen und rückwärtige Sandaufschüttungen sowie Anpflanzungen von Helm (Strandhafer) mit seinen sehr langen Wurzeln, welche den Sand „festhalten", für ausreichend Stabilisierung – und den Schutz des Trinkwassers. Das Pirolatal, seine Dünen sowie das angrenzende Gebiet Schlopp bilden nämlich den Inselkern von Langeoog; darunter liegt das Süßwasservorkommen in Form einer großen, uhrglasförmigen Linse. Das Süßwasser schwimmt aufgrund des niedrigeren Gewichtes sozusagen auf dem umgebenden Salzwasser wie ein Fettauge, die Linse wird indes mit Regenwasser gespeist. Langeoog ist somit nicht auf das Trinkwassernetz vom Festland angewiesen. Das denkmalgeschützte „Infohaus Altes Wasserwerk" informiert dazu sehr interessant mit Film, Geräuschen, Modellen und einigen historisch spannenden Fakten.
Der an das Tal angrenzende Schloppsee ist 1971 durch Sandentnahme für den Küstenschutz entstanden. Das Schlopp (Dünendurchbruch, Wasserrinne) entstand bei der großen Weihnachtsflut 1717 (siehe auch Kapitel 23); im Dorf, damals viel weiter östlich gelegen als heute, wurden dabei Häuser und Kirche so stark beschädigt, dass die Bewohner nach und nach und vor allem nach einer weiteren schweren Sturmflut die Insel endgültig verließen. Langeoog war bald darauf unbewohnt. Erst Jahrzehnte später kamen wieder dauerhaft Einwohner. Diese lebten von Fisch- und Walfang, Kaninchenjagd, Viehzucht, Strandbeute und ab 1797, als das benachbarte Nordseebad Norderney gegründet wurde, auch vom Verkauf von Möweneiern (damals eine Delikatesse) fürs maritime Frühstück der dortigen Kurgäste. Bei einer weiteren Sturmflut 1825 entstanden aus dem Schlopp das „groote Slopp und lütje Slopp". Erst 1906 gelang es, die beiden „Schlopps" dauerhaft, bislang jedenfalls, zu schließen.

und das S

Standorte:

Pirolatal / Schlopp: Gebiet östlich des Ortes zwischen Strand und Wattseite gelegen, erstreckt sich bis circa zur Mitte der Insel Richtung Osten
Infohaus Wasserwerk: Mittelstraße 37; täglich von 09:00 bis 19:00 Uhr geöffnet, Eintritt frei

17 Die Melkhörndüne

Die höchste Erhebung der Insel

Die Melkhörndüne, gern auch mal als Mount Everest oder zumindest Matterhorn der ostfriesischen Nordseeküste bezeichnet und die höchste Erhebung Langeoogs, wenn nicht sogar – bis vor kurzem jedenfalls – der gesamten Küstengegend (wie manche Insulaner steif und fest behaupten) verdankt ihren Namen der Domäne Melkhörn, einer Meierei (Molkerei), welche bis Anfang der Fünfzigerjahre dort betrieben wurde. Seitdem ist in diesem Gebäude die Jugendherberge untergebracht, in der schon ganze Heerscharen von Kindern und Jugendlichen ihre Schulferien und Klassenfahrten verbracht haben. Hingucker darin: eine Querschnittszeichnung der Insel, einst von Studenten der Pädagogischen Hochschule in Hannover angefertigt. Ganz in der Nähe liegt der einzige Zeltplatz der Insel. Er gehört zur Sportjugend Niedersachsen und ist nur mit genehmigter Anmeldung und bei Vollpension (in der Jugendherberge) von April bis September zu nutzen möglich. Wildes Zelten ist auf der Insel streng verboten. Eine weitere Meierei liegt weit im Osten, die bereits 1740 errichtete Domäne Ostende, heute allseits beliebtes Ausflugziel für Inselgäste, siehe auch Kapitel 39.

Die heute knapp zwanzig Meter hohe Melkhörndüne (derzeit 19,7 m), eine Graudüne, die schon mal einen guten Meter mehr maß und durch Erosion an Höhe verloren hat, ist eine Dünenform, welche im Laufe der Zeit entsalzte und stark entkalkte und keine wirklich nennenswerte Sandzufuhr mehr durch Sandwehen erhält. Der Boden bekommt durch diese Prozesse seine typisch graue Farbe. Eine dichte Pflanzendecke aus Kleingräsern, Flechten und Moos, zum Beispiel Silbergras, Krähenbeerenheide und Blattflechte, gibt der Düne zusätzlich eine gräulich bis dunkelgrüne Färbung. Andere Pflanzen wie Sträucher mit kräftig bunten Blütenblättern, beispielsweise die gelben Blüten von Dünennachtkerze und Hahnenkraut, die violetten Blüten der Dünenplatterbse, das blaue Sandglöckchen oder die orangefarbenen Sanddornbeeren, schenken den Graudünen im Sommer indes in mannigfaltiger Weise unzählige farbenfrohe Tupfer. Hier wachsen auch Dünenveilchen, Kartoffelrose, Krähenbeere, Sandvergissmeinnicht und viele weitere Pflanzenarten, die teils sehr selten geworden und naturgeschützt sind.

Die Aussichtsplattform gewährt Besuchern einen grandiosen 360°-Rundum-Panorama-Blick über die gesamte Insel, die Nordsee und das Wattenmeer mit den Salzwiesen (siehe auch Kapitel 65), die nahe gelegene Vogelkolonie bis zu den Nachbarinseln und zum Festland. Und – von Juni bis Mitte Juli in die Silber- und Heringsmöwenkolonie mit ihren Küken.

Darunter liegt übrigens einer der noch vorhandenen Inselbunker, genau wie der Torpedo beim Schießstand Richtung Meierei raus, verstecktes Zeugnis der unheilvollen Zeit zwischen 1933 und 1945.

Fernglas also nicht vergessen oder wenigstens mal durchs fest installierte gucken (gegen einen geringen Preis möglich), es lohnt sich!

rndüne

Standort Düne:
Inselmitte, zwischen Großem und Kleinem „Schlopp“ gelegen

18 Das Allerheiligenschwimmen

Saisonende in kalten Nordseefluten

Traditionell endet die Badesaison auf Langeoog an Allerheiligen (1.11.) mit einem großen Spektakel, bei dem nicht nur das Baden im Vordergrund steht. Doch tatsächlich stürzen sich an dem Tag zum gemeinsamen „Abbaden“ gut abgehärtete Badewütige oftmals kunterbunt kostümiert oder in nostalgisch anmutender Bademode ein letztes Mal im Jahr in die Fluten der Nordsee. Sie ignorieren dabei die Wasser- und Lufttemperaturen, die dabei meist kaum die Zehn-Grad-Markierung auf der Celsiusskala erreichen.
Man kann dabei schon fast von einer Tradition sprechen, denn seit 2005, als mal abends einige Männer an einer Hotelbar beschlossen, tags darauf noch einmal baden zu gehen, gehört das Allerheiligenschwimmen zum festen Inselritual. Längst ist aus dem kühlen Badespaß ein großes Event am Hauptstrand geworden, bei dem sich vor einer großen Zuschauerschaft alljährlich hunderte Unerschrockene – ganz uneigennützig und statt dessen für einen guten Zweck (Startgeld: zehn Euro) – mutig in die Nordsee stürzen.
Viel Geld ist da bislang zusammengekommen, wodurch Schwimmrollstühle und Panzermatten, mit deren Hilfe RollstuhlfahrerInnen problemlos zu Strandkörben fahren können, Stromerzeuger für die Drehleiter ebenso wie Schlauchboot für die Feuerwehr, Übungsgeräte für die DLRG, Umziehkabinen, Kinderschaukeln und vieles anderes mehr angeschafft werden konnten. Treffpunkt ist stets am frühen Nachmittag im Dorf; teils unter Gesang und musikalischer Begleitung per Trompete geht’s dann gemeinsam zu Fuß zum Strand. Nachdem alle Teilnehmer wieder halbwegs trocken und gewärmt sind, werden sie im Anschluss an das Bad mit einer Urkunde geehrt. Danach gibt es reichlich Stärkung für alle Beteiligten in Form von Bratwurst, Glühwein, Lumumba oder Kakao. Aber die Veranstaltung geht noch weiter! Abends steigt dann stets die After-Swim-Party mit großer Tombola, Tanz und viel Musik.
Der alljährliche Silvesterlauf am Nachmittag des 31. Dezembers ist bei den Gästen ebenfalls sehr beliebt. Egal ob Sie nur zuschauen oder aktiv laufen, Rad fahren oder walken wollen, von Kindern bis Senioren sind alle auf der fünf oder zehn Kilometer umfassenden Strecke willkommen. Los geht’s stets um halb zwei – mit einem zünftigen Sektkorkenknall!
Auch spannend: ein Abstecher zum Internationalen Nordseeschwimmen (heute „wind sportswear Inselschwimmen Norderney“). Früher ging es von Langeoog nach Bensersiel, seit 2013 wird die gut acht Kilometer lange Strecke zwischen dem Festland und Norderney geschwommen. Veranstalter ist seit Sommer 1989 die DLRG (siehe auch Kapitel 92) – ursprünglich war das Schwimmen als Training für RettungsschwimmerInnen- und taucherInnen konzipiert. Ab 1993 entwickelte sich daraus ein Langstreckenschwimmen mit Wettkampfcharakter.

Standorte und Treffpunkte:

Allerheiligenschwimmen: Lale-Andersen-Statue, Am Wasserturm

Silvesterlauf: Sportplatz beim Flughafen

wind sportswear: Naturbadestelle Hilgenriedersiel, östlich vom Hafen Norddeich (Start), und Surferhafen Norderney (Ziel)

19 Das Hospiz des Klosters Loccum

Womit das Kuren auf der Insel erst richtig anfing

Die erste überlieferte Erwähnung der Ostfriesischen Inseln soll bereits aus der Antike datieren, Aufzeichnungen von 1227 weisen schon auf die Nachbarinseln Borkum und Juist hin, als sich eine Flotte ostfriesischer Kreuzfahrer zu einem Kreuzzug aufmacht. 1289 wird der möglicherweise Langeoog zugeschriebene Hafen „Ackumhe" erwähnt. Doch zu finden ist der Name der Insel erstmals 1398 auf einer Urkunde, welche auch den friesischen Herrscher Widzel tom Brook (daher gibt es auch ein Widzels Café & Bar auf der Insel) belegt.

Um 1635 sind nur sieben Haushalte mit etwa drei Dutzend Bewohnern auf der Insel verzeichnet. Im 18. Jahrhundert ist diese sogar zeitweise unbewohnt – das Inselleben ist hart und karg, die See oft unerbittlich.

Und dann, um 1800, beginnt der Badeboom an der Nordsee. Dass Langeoog den Anschluss findet, ist letztlich dem ostfriesischen Amtsrichter Vangerow zu verdanken, der 1830 eine wöchentliche Überfahrt vom Festland zur Insel organisiert, die 1843 um einen regelmäßigen Fährverkehr erweitert wird. Damals leben um die 120 Menschen auf der Insel. 1884 veranlasst der Jurist und Kurator Friedrich Wilhelm Barkhausen des Klosters Loccum, einer ehemaligen Zisterzienserabtei nahe Hannover, den Bau eines Hospizes mit 60 Übernachtungsmöglichkeiten, großer Küche und Andachtsraum. Hier sollen vor allem Geistliche, Beamte, Lehrer, Offiziere, Kaufleute und ihre Familien vom nahen Festland, Gäste also aus eher gebildeten Kreisen, Erholung finden. Und so nimmt Langeoogs Geschichte als junges Seebad Fahrt auf. Die Zahl der Gäste steigt stetig an. 1850 sind es jährlich kaum 100, im Baujahr bereits über 700, 1885 schon über tausend. Bald wird ein Hospizanbau nötig. Um die Versorgung der Gäste mit frischer Milch und Butter zu garantieren, pachtet das Kloster zeitweise die Meierei am Ostende. Das Kloster übernimmt auch die örtliche Seebadeanstalt und leitet fortan den gesamten Kurbetrieb auf der Insel, bis 1927 die Gemeinde Langeoog das Ruder wieder übernimmt. Im Zweiten Weltkrieg dient das Hospiz als Soldatenheim, später als Lazarett (einer der 800 Verletzten war der in den Siebzigerjahren als Ekel Alfred bekannt gewordene Berliner Schauspieler Heinz Schubert), als Quartier für Kinder und Flüchtlingsunterkunft. Erst 1957 werden wieder regelmäßig Urlauber aufgenommen. Seit 1998 firmiert es als „Familienferienstätte Haus Kloster Loccum".

Ein Relikt aus den frühen Tagen des Hospizbetriebes ist der nah gelegene Teich. Bis 1945 diente er der Eisgewinnung, wobei im Winter stets dicke Eisstücke herausgeschlagen und im hauseigenen Eiskeller für den Sommer eingelagert wurden. Die Bake auf dem Vorplatz, worauf 1908 wie auch an der Hauptstraße damals die ersten Lawn Tennisplätze lagen, ist eine kleinere Nachbildung einer Inselbake, die früher einem Sturm zu Opfer fiel.

des Kloste

Standort: Hospizplatz

20 Die einstige Seenotbeoachtungs-station

Rettung früher und heute

Der orangerote Kasten gehörte viele Jahre lang zum festen Inselbild. Doch die Seenotbeobachtungsstation der Deutschen Gesellschaft zur Rettung Schiffbrüchiger, kurz DGzRS, inmitten der Dünen gelegen, ist seit April 2014 auf Langeoog nur noch Geschichte. Der Rückbau des Containers war wegen Rostfraß notwendig geworden, er wurde daher wieder zurück ans Festland gebracht und so, wie er einst gekommen war, ging er auch wieder – am Haken eines Hubschraubers. Der Bau nahe des Pirolatals war Quartier so manchen Vormannes, der in rauer Sturmnacht darin nach Schiffen in Seenot Ausschau hielt – wie beispielsweise auch der legendäre „Hillie“ Hillrich Kuper, der durch seine Rettungsfahrten im Laufe der Jahre wohl an die 600 Menschenleben rettete.

Die Seenotrettung hat naturgemäß auf Langeoog eine lange Tradition. Das dazugehörige Revier erstreckt sich über das Wattenmeer bis nach Bensersiel, zu den Nachbarinseln Baltrum und Spiekeroog sowie hinaus zur offenen Nordsee. Bereits 1861 bekamen Langeoog und Juist durch den „Verein zur Rettung Schiffbrüchiger an der ostfriesischen Küste“ (Vorgängerverein der DGzRS) als erste Inseln ihre Beobachtungsstationen. Auslöser dafür war das Unglück des Auswandererschiffes „Johanne“ vor Spiekeroog im November 1854 gewesen.

Nach Ende des Zweiten Weltkrieges wurde die Langeooger Station auf dem Sockel eines „Würzburgers“ (Funkmessgerät der Luftwaffe der Wehrmacht) errichtet. Der Holzbau wurde von den Insulanern als „Appelsienenkist“ betitelt. 1988 musste der marode Kasten durch den Container ersetzt werden. Darin waren bis 2005 die Funkzentrale und die Koordinationsstelle für Seenotfälle untergebracht. Zudem diente er als Relais zwischen Havaristen, Seenoteinsatzfahrzeugen und der Seenotleitung in Bremen. Bis Sommer 2013 wurde die Station zudem als Info-Ort der DGzRS genutzt.

Der Standort zählt heute ebenso wie das Museums-Motorrettungsboot Langeoog (siehe auch Kapitel 53) ein Stück weit zur Erinnerungskultur der Insel, auch ohne Kasten obendarauf und nur noch mit einer Plattform versehen.

Längst ist die SAR (Search and Rescue) für Notfälle in der Luft- und Seefahrt zuständig, die Durchführung der eigentlich originär staatlichen Aufgabe der maritimen Notrettung obliegt jedoch noch immer, offiziell jedoch erst seit 1982, der DGzRS, die sich übrigens ausschließlich aus Spenden finanziert.

Rund 15 Ehrenamtliche sind auf Langeoog als Seenotretter tätig – doch nicht nur das. Auch als Geburtshelfer mussten sie schon Einsätze leisten wie beispielsweise 1993, als ein Insulanerkind allzu schnell auf die Welt strebte. Man munkelt, in seiner Geburtsurkunde stünde als Geburtsort „Tonne 16 zwischen Langeoog und Bensersiel“.

Standorte:

Alte Beobachtungsstation: Gebiet östlich des Ortes zwischen Strand und Wattseite

Seenotrettungsboot: Hafen

21 Die Bienenbelegstelle in den Heerenhusdünen

Heimat von Maja und Co.

Fast jeder kennt den ewig müden wie hungrigen Willi, bester Freund von Maja, der berühmten Zeichentrickbiene. Aber wer weiß, was eine Apis mellifera carnica ist? Unter Imkern schlicht als Carnica betitelt, gehört diese zu den über 500 verschiedenen in Deutschland existierenden Bienenarten und ist auch als Kärntner oder Krainer Biene bekannt. Ursprünglich südlich der Alpen beheimatet, bezeichnet sie eine Unterart der Westlichen Honigbiene und gilt als nördlichste Vertreterin der sogenannten Balkan-Rassengruppe. In der zweiten Hälfte des 20. Jahrhunderts wurde die Carnica, welche Eigenschaften wie Sanftmut, Friedfertigkeit und Leistungskraft vorweist, im gesamten deutschsprachigen Raum verbreitet, was zur Folge hatte, dass die hierzulande beheimatete und vergleichsweise recht stechlustige „Dunkle Europäische Biene" heute kaum mehr zu finden ist. Und obwohl die Kärntner Biene nicht gerade auf maritimes Klima gepolt ist – sie mag es am liebsten windstill, trocken, beständig und bevorzugt heiße Sommer und kalte Winter – gibt es auf fast sämtlichen deutschen Inseln Bienenbelegstellen, Aufstellungsorte zur gezielten Zucht mit reinrassigen Drohnenvölkern (männliche Bienen). Diese harren dort das ganze Jahr geduldig der Besuche der jungen Königinnen, die in Begleitung einiger Pflegebienen zwischen Mai und August per Post ankommen und für die Zeit auf der Insel in sogenannten Begattungskästchen wohnen. Doch ganz offensichtlich scheinen die Herren der Bienenschöpfung das raue Nordseeklima zu schätzen und kommen sie dazu, sich beim Hochzeitsflug tatsächlich mit „ihrer" Königin zu paaren, bedeutet das ohnehin ihren Tod. Die Königinnen indes sind im wahrsten Sinne des Wortes von so viel maskuliner Belagerung abgelenkt, dass sie wohl kaum über das Wetter nachdenken dürften – sie können von mehreren Drohnen begattet werden.

Auf Langeoog sind Carnica Peschetz-Drohnen zuhause. Der Urzüchter dieses Stammes war der Österreicher Hans Peschetz, welcher in den Zwanzigerjahren ein reines Carnica-Bienenvolk erwarb – den Beginn seiner Zucht. Dazu errichtete er 1928 eine Belegstelle auf luftigen 1200 Höhenmetern ein und nannte seinen Stamm zunächst Glockner – nach dem höchsten Berg Kärntens, dem Großglockner. Bald schon konnte er erste junge Königinnen an Züchter abgeben. Der Zuchtstamm indes starb 1968 aus und der Versuch, mit mittlerweile in der kühleren Fremde heimisch gewordenen Tieren im Ursprungsland erneut zu züchten, schlug fehl. Heute wird diese Bienenart daher vor allem im Norden Deutschlands gezüchtet und gilt hierzulande als die am stärksten verbreitete Biene.

Doch warum auf den Inseln? Ganz einfach: Bienen fliegen in der Regel nicht gern über größere Gewässer, was bedeutet, dass die Arten relativ rein mit weniger als fünfzehn Prozent Fremdbegattung gezüchtet werden können.

Standort: Heerenhusdüne
Weitere Infos: www.bienenzucht.de/inselbel.htm#Langeoog

22 Am Osterhook

Robbenwatching inklusive

Wilde Landschaft, so weit das Auge reicht. Natur pur. Ein Blick hinüber zur Nachbarinsel Spiekeroog. Das ist der Osterhook, der östlichste Zipfel von Langeoog und gut zehn Kilometer vom Dorf entfernt gelegen. Der Name leitet sich ab von „Oster“ für Osten und „Hook“, das steht für Spitze, Zipfel oder Winkel. Dieser Teil der Insel bleibt seiner natürlichen Entwicklung völlig allein überlassen. Hier, an der Ostspitze, die selbst nicht betreten werden darf, finden Sie bis zum Ende des Lehrpfades ein ideales Ausflugsziel, egal, ob Sie dieses zu Fuß oder mit dem Fahrrad auf den flachen, ausgewiesenen Wegen erreichen wollen. Schlecht zu Fuß? Es fahren auch Schiffe zu den Seehundbänken. Die Gesamtdauer der Fahrten zum Ostende beträgt jeweils inklusive Rückfahrt zwei bis zweieinhalb Stunden.

Und dort, abgelegen von jeglicher Zivilisation, gibt es viel zu sehen: Ein Naturlehrpfad beispielsweise erklärt auf zahlreichen Bildern verständlich und kindgerecht die Bedeutung des Weltnaturerbes. Ein an einer Hütte installierter Globus zeigt dazu unter anderem die beeindruckend langen Flugrouten von Zugvögeln. Am aufregendsten ist hier aber natürlich die freie Sicht auf die Robben, welche es sich auf einer Sandbank, die der Insel vorgelagert ist, so richtig gemütlich machen. Das Fernrohr in der Beobachtungshütte (daneben steht der Globus), Rastplatz von Seeschwalben, sorgt dafür, dass von den Tieren mehr als nur ein dunkler Punkt am Horizont zu erkennen ist. Hin und wieder sind aber nicht nur Seehunde, sondern auch Kegelrobben zu beobachten, die sich nach der anstrengenden Jagd auf ihr tägliches Mahl dort ebenfalls ausruhen. Als „Heuler“ werden übrigens nur die sehr jungen, verwaisten Seehundkinder bezeichnet, die mit ihrem typischen Kontaktlaut nach der Mutter rufen. Alle anderen heißen einfach Seehundjunge.

Die beste Zeit für „Robbenwatching“ ist die Stunde jeweils vor und nach der Hochtide und damit Sie alles richtig erkennen, hier eine kurze Einführung zur Robbenkunde: Seehunde sind Robben aus der Familie der Hundsrobben, der Wuchs ist eher klein und schlank, der Kopf rundlich. Das Fell ist dunkelgrau gefärbt mit unregelmäßig verteilten schwarzen Flecken. Kegelrobben sind die größten in Deutschland freilebenden Raubtiere, ihr Name geht auf die kegelförmigen Zähne zurück. Der Körper ist sehr massig, die Kopfform eher spitz zulaufend. Männchen haben eine dunkelgraue Färbung mit hellen Flecken, Weibchen eine silbergraues Fell mit dunkelgrauen Flecken.

Und was tun Sie, wenn Sie ein vermeintlich – meist ist die Mutter ganz in der Nähe – verlassenes Jungtier finden? Unbedingt großen Abstand halten, mindestes 300 Meter! Hunde anleinen! Das Tier niemals anfassen oder füttern, es keinesfalls bewachen und im Zweifel die Seehundstation in Norden anrufen, welche, sollte das Jungtier tatsächlich allein sein, sich darum kümmert: 0 49 31 - 89 19.

ook

Standort: Ostende
Zeiten: Infokästen auf der Insel, Aushänge der Betreiber

23 Sturmfluten

Gefährliches Wetter nicht nur auf Langeoog

Sturmfluten an der Nordsee sind bereits aus vorchristlicher Zeit bekannt. Seitdem dokumentieren sie – beinahe wie ein Tagebuch des „Blanken Hans“ – den Schrecken der Küstenbewohner über viele Jahrhunderte und in allen an die Nordsee grenzenden europäischen Ländern von Großbritannien bis nach Skandinavien. Sie heißen nach den entsprechenden Tagen (Weihnachtsflut, Allerheiligenflut) oder wurden mit den Namen der Tagesheiligen wie Martiniflut oder Erste und Zweite Cosmas- und Damianflut belegt. Ebenso geben Namen wie Halligflut oder Allerkindleinsflut interessante Hinweise. Aus dem Namen lässt sich nämlich eine Menge ablesen: zu welcher Zeit im Jahr eine Sturmflut stattfand, wo sie besonders heftig wütete oder wie schwer der Verlust an Menschenleben war. Das zeigt unter anderem der schaurige Name „Grote Mandränke“ (Große Manntränke). Diese Bezeichnung taucht in den Annalen der Nordseesturmgeschichte zweimal auf und dokumentiert zwei der größten Fluten seit Beginn der Aufzeichnungen. 1362 waren dabei angeblich über 100.000 Tote zu beklagen, es versanken ganze Inseln und neue, wie beispielsweise die Halligen, entstanden bei dieser Flut, welche auch als Zweite Marcellusflut betitelt wurde (die Erste Marcellusflut war 1219). Bei der Flut von 1634, auch Burchardiflut genannt, mussten geschätzt etwa 15.000 Menschen an den Küsten von Schleswig-Holstein und Ostfriesland ihr Leben lassen.
In neuerer Zeit werden die Fluten mit weniger hinweisenden Namen bedacht und nach den jeweils gerade wütenden Orkanen oder Sturmtiefs wie Anatol, Thilo oder Xaver benannt. Zudem sind sie dank umfassender Schutzmaßnahmen für den Menschen nicht mehr ganz so lebensbedrohlich. Doch egal, welchen Namen die Flut auch tragen mag – stets geht mit ihr Verwüstung einher.
Die ostfriesischen Inseln und damit auch Langeoog und seine Bewohner mussten immer wieder, wie beispielsweise bei der Weihnachtsflut 1717, als die Insel durch das Hochwasser in mehrere Teile zerfiel, Insellandverlust durch Dünenabbrüche, Vernichtung von ganzen Dörfern oder jedenfalls die Zerstörung vieler Bauten sowie den Tod von Bewohnern hinnehmen.
Der Respekt vor der Nordsee ist bei Anwohnern wie Seefahrern bis heute ungebrochen, denn auch in neuerer Zeit sind die Inseln immer wieder von schweren Fluten betroffen. 1953 enstand dabei ein Gesamtschaden von über 500 Milionen Euro, 1962 waren über 300 Tote zu beklagen. Regelrechte Sturmflutserien gab es auch 1967, 1973, 1976, 1990, 1999, die Allerheiligenflut 2006 sowie bei Orkanen oder Sturmtiefs in den Jahren 2007 und 2013.
Von Sturmfluten wird übrigens gesprochen, wenn der Tidenhöchststand das mittlere Tidenhochwasser um anderthalb Meter oder mehr übersteigt. Ab zweieinhalb Metern ist die Rede von einer schweren, ab dreieinhalb Metern von einer sehr schweren Sturmflut.

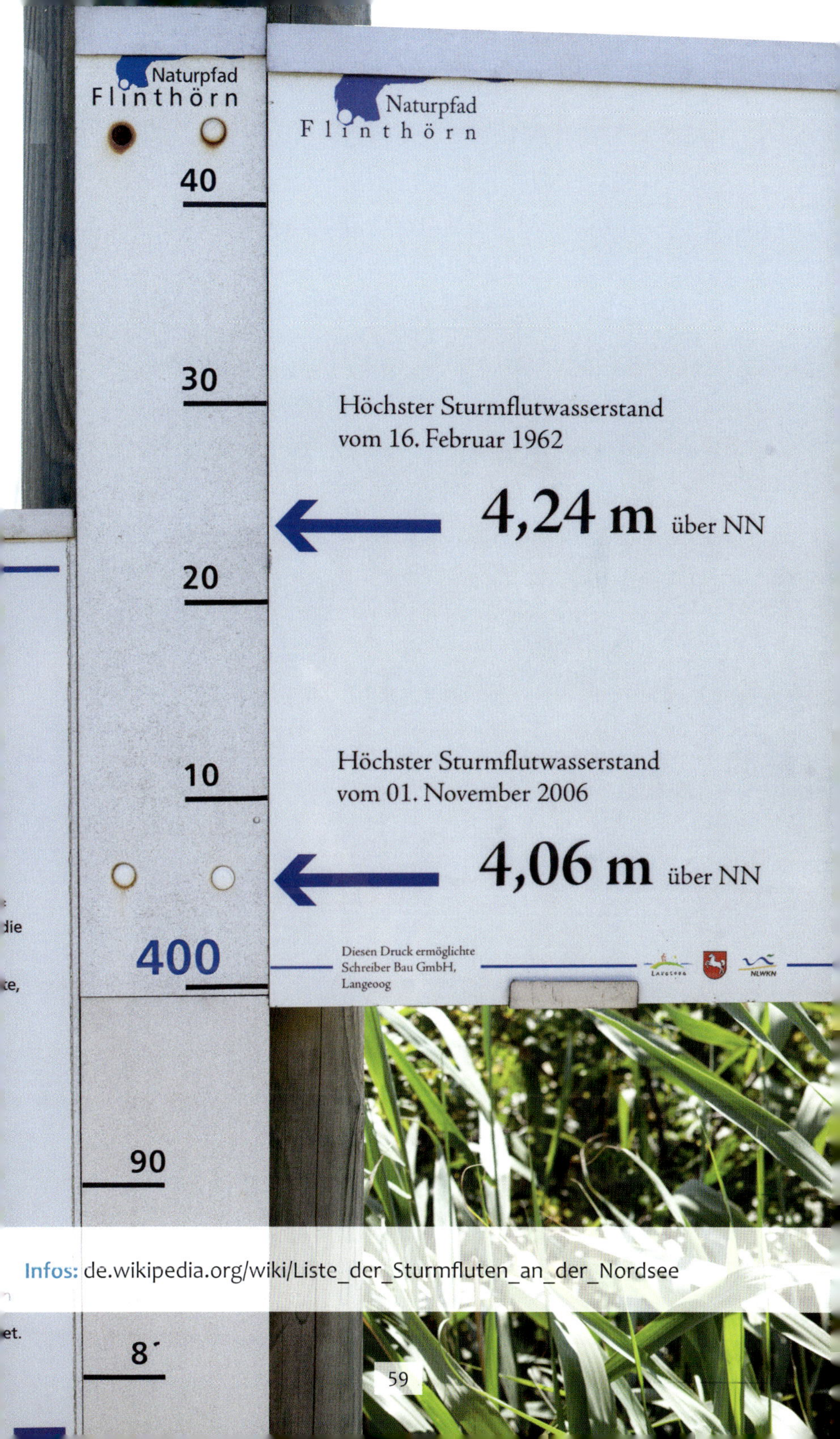

Infos: de.wikipedia.org/wiki/Liste_der_Sturmfluten_an_der_Nordsee

24 Das Altarbild in der evangelischen Inselkirche

... lockt auch den Ungläubigsten in die Kirche

Ein gotisch anmutender Rahmen umfasst die Sicht auf Wasser und ein schräg darin liegendes, sehr großes Passagierschiff, ein weiteres (man sieht nur Deck und Reeling) im Hintergund. Ein gestrandeter Ozeanriese vielleicht. Der teils grau bedeckte Himmel wirkt düster, ja fast bedrohlich. Menschen mit Gepäckstücken. Im Vordergrund ein großer weißer Tisch, darum stehen einige dunkle Stühle, darüber sind Kleidungsstücke abgelegt. Und das soll ein Altarbild sein? Ja, das ist es, und seit es in der denkmalgeschützten evangelischen Inselkirche hängt (1990), ist es auch immer wieder Anlass zu wilden Diskussionen. Nichts Biblisches ist darin zu erkennen, meckern die Strengen. Sehr düster, mahnen die Hoffnungsvollen. Völlig aus dem Rahmen des Gewohnten, schimpfen die Konservativen. Aber auch andere Stimmen sind zu hören. Zum Nachdenken einladend, urteilen manche, das Bild wirke anrührend oder gar irgendwie befreiend, sagen andere. Was immer auch der Künstler damit ausdrücken wollte, er hat es jedenfalls geschafft, Emotionen bei den Betrachtern auszulösen. Ob es der Bruch mit dem religiösen Umfeld ist oder die bewusste künstlerische Abgrenzung zum antik wirkenden Retabel und dem neogotischen Kirchenbau sein mag, das Werk erzeugt jedenfalls viel Spannung und schafft es, eine klare, bisweilen sogar kühle Stimmung herzustellen.

Das Bild ist das Ergebnis einer Ausschreibung, welche kaum Kriterien vorgab. Anlass dafür war die grundlegende Restaurierung der Inselkirche in den Achtzigerjahren. Der ursprüngliche Stil stammt aus der Bauzeit von 1888 bis 1890, damals hatte die kleine, alte Inselkirche aufgrund ihrer geringen Größe (es kamen mehr und mehr Badegäste auf die Insel) einem Neubau weichen müssen und sollte wieder hergestellt werden. Der Retabelaltar wurde ebenfalls seiner früheren Gestalt nachempfunden. Das ehemalige Altarbild der kopierten Darstellung des auferstandenen Christus von Giovanni Battista Cima (bekannt als Cima da Conegliano; Original aus dem 15. Jahrhundert im Dresdener Zwinger), sollte indes einem zeitgenössischen Werk weichen, so entschied der Kirchenvorstand. Eine Kommission, bestehend aus drei Fachleuten und zwei Mitgliedern des Vorstandes, wählte daher einstimmig aus elf Entwürfen von sieben norddeutschen Künstlern das Werk des Ostfriesen Hermann Buß – der NDR berichtete einst sogar darüber in der Sendung „Extra drei".

Und was sagt der 1951 geborene Künstler und Pädagoge Buß selbst zu seinem Bild? Er spricht von Einsamkeit und Versuchen, in der Masse Identität zu finden, von Kälte und der Sehnsucht nach Geborgenheit. Buß sucht sensible Orte für seine Projektionsflächen wie eben Kirchen. Die darin auf Dastellungen gezeigte altüberlieferte Symbolsprache ist seiner Meinung nach heute kaum mehr verständlich. Er will mit seiner Kunst und einer lesbaren Bildsprache aber die Menschen genau dort abholen, wo sie sich auskennen. In ihren Gefühlen.

Standort: Kirchstraße

25 Das Schifffahrtsmuseum

Nicht nur für Nautikfans

„Ach, ich möchte einmal wieder als Matrose im Atlantik kreuzen, um mein Herz und meine Lieder in die wilden Wetter auszuschneuzen.“
Vielleicht empfand der Bielefelder Artur Rose genau so wie der Schriftsteller Joachim Ringelnatz, der eine Zeit lang als Leichtmatrose auf den Weltmeeren umhertingelte, bevor er sich ganz der Kunst verschrieb. Wie dem auch sei, wir wissen nicht, ob Rose je als Matrose unterwegs war, aber er sammelte mit großer Leidenschaft nautische Exponate aller Art – und gründete eine Stiftung zum Bewahren der Sammlung mit der Auflage, sie der Öffentlichkeit zugänglich zu machen.
Seit 1981 ist diese Sammlung daher, die einst mit einem Kreiselkompass begann, eine der Attraktionen auf Langeoog, welche jedes nautische Herz ein wenig höher schlagen lässt. Sie erstreckt sich über zwei Etagen und umfasst hunderte von Exponaten mit Schwerpunkten von der Blütezeit der Seefahrt bis zu den Dreißgerjahren des 20. Jahrhunderts. Längst sind zur Roseschen Sammlung auch weitere Ausstellungsstücke hinzugefügt worden.
Über 40 Reederei-Plakate beispielsweise zeugen von der großen Zeit der Passagierschiffsära, welche einst von Namen wie „Norddeutscher Loyd Bremen“ oder „Deutsche Afrika-Linien“ bedient wurde. Ansonsten gibt es hier neben Schiffsmodellen aller Art und mit teils berühmten Namen wie „Wappen von Hamburg“ oder „Sovereign of Seas“ allerlei vom Handlot bis zu Walfischzähnen zu entdecken. Drei Schiffe im Maßstab 1:50 geben Einblick in den Schiffsbau. Die Modelle wurden nach einem Entwurf auf Papier und mit Kurvenlineal fein gezeichnet und als Bauabnahme vor dem eigentlichen Bau gefertigt. Ein Knochenschiff erregt bei Besuchern stets besondereres Aufsehen. Es wurde einst von französischen Kriegsgefangenen aus Knochenabfällen gebaut, welche mit Schwefelsäure, die beim Reinigen der Latrinen entstand, gebleicht wurden. Die ursprüngliche Takelage bestand aus Menschenhaar, heute sind es Hanffäden. Interessant sind auch regional übliche Gefährte wie Schlickrutscher, Spitzmutte (Versorgungsschiff auf Kanälen) oder Tjalk (im Wattenmeer unterwegs) aus Eichenholzplanken, welche über Feuer gebogen und von einem friesischen Schiffsbauer gefertigt wurden. Auch schön: ein Buddelschiff, das den Walfang thematisiert. Einen weiteren Schwerpunkt bilden die Seidenbilder, welche von Matrosen der Südost-Asien-Flotte erzählen (siehe auch Kapitel 90).
Besonders für Kinder ist die alte Schatzkiste aus handgeschmiedetem Eisen spannend, die vierzehn Schließriegel und diverse Schlossattrappen besitzt und möglicherweise einst zu einem Kaperschiff gehörte. Die Black Pearl mit Captain Jack Sparrow an Bord lässt grüßen – und mit einem Fluch ist sie ja angeblich auch belegt …

Standort: Haus der Insel, Kurstraße 1
Öffnungszeiten: montags, dienstags, donnerstags und freitags 10:00 – 12:00 und 15:00 – 17:00 Uhr, mittwochs und samstags 10:00 – 13:00 Uhr

26 Die Inselbühne

Theater up Platt

Wissen Sie, was ein Spöölbaas ist? Das ist ostfriesisch und bezeichnet einen Spielleiter. Und auf Langeoog ist das nicht irgendein Spielleiter, sondern der von der Theathertruppe auf der Insel.

Theater wurde auf dem Eiland schon immer gern gespielt, seit 1973 hat Langeoog jedoch auch eine eigene Laienspielgruppe namens „Inselbühne“, die sich im gleichen Jahr erstmals mit dem plattdeutschen Lustspiel „Int Lindenkroog“ einem geneigten Publikum präsentierte. Seitdem wird regelmäßig „up Platt“ gespielt, zunächst früher noch im alten Hotel Flörke, nachdem in den Achtzigern das Haus der Insel fertig gestellt war, bekam die Inselbühne darin eine neue Spielstätte.

Spöölbaas war seinerzeit der Insulaner Uki Caspers, im wahren Leben mal Postdienststellenleiter (welch’ ein wunderbares Wort!) und einst Kopf und Herz der gesamten Truppe. Dazu zählt heute auch noch Els Sanders, gelernter Kürschnermeister, die gute Seele der Inselbühne und sozusagen der „Henry Vahl von Langeoog“ (H. V. war unter anderem Schauspieler am Ohnsorg-Theater in Hamburg). Sanders’ besonderes komisches Talent bescherte ihm in den Neunzigern den Sieg in der Sendung „Gaudimax des Nordens“, eine ursprünglich vom Bayerischen Fernsehen ausgestrahlte Sendung, bei der derjenige als Gewinner hervorging, der die besten Witze erzählen konnte. Ebenso errang er 2014 den zweiten Platz bei einem plattdeutschen Poetry Slam in Esens.

In den Achtzigerjahren war die Inselbühne samt ihren illustren Darstellern an der Küste so populär, dass sie sogar auf dem Festland auf Tournee ging. Diese größten Zeiten sind vorbei, die Zukunft der Inselbühne, die mit allen Personen, Schauspielern und „Mädchen für alles“ nur noch etwa fünfzehn Mitglieder zählt, ist ungewiss, vor allem, weil es der Truppe massiv an jungen und fähigen Nachwuchslaienschauspielern mangelt. Das Laienschauspiel gilt als sehr intensives Hobby, die Probenzeiten im Winter sind anstrengend, die Aufführungen im Sommer zeitraubend und das Saisongeschäft auf der Insel ist beinhart.

Dennoch – von April bis Oktober stehen die Schauspieler vierzehntägig meist donnerstags noch immer auf der Bühne und bieten feinste Unterhaltung von Schwank über Komödie bis Lustspiel, immer auf Platt, immer kurzweilig und unterhaltsam. Frei nach Schiller bleibt für die Langeooger Truppe zu hoffen:

„Sehn wir doch das Große aller Zeiten auf den Brettern, die die Welt bedeuten, sinnvoll still an uns vorübergehn. Alles wiederholt sich nur im Leben, ewig jung ist nur die Phantasie; Was sich nie und nirgends hat begeben, das allein veraltet nie!“

Standort und Navigation: Haus der Insel, Kurstraße 1
Infos zu Aufführungen: Aushänge auf der Insel, Internet

27 Auf der Suche nach Bernstein

Das Gold des Meeres

Die in der Ostsee in einem Bernsteinschloss lebende Göttin Jūratė ärgerte sich über den Fischer Kastytis, weil dieser in ihren Augen zu viele Fische fing. Sie wollte ihn dafür bestrafen. Als sie ihn deswegen traf, verliebte sie sich jedoch in den jungen Mann – was wohl auf Gegenseitigkeit beruhte, jedenfalls lebten sie eine Weile glücklich im Schloss zusammen. Als der Donnergott Perkunas davon erfuhr – unsterbliche Göttin und ein Sterblicher, geht ja gar nicht – tobte dieser vor Wut, zerstörte mit einem Blitz das Schloss und ließ Jūratė am Meeresgrund anketten. Das Schicksal von Kastytis bleibt bis heute im Dunkeln. Aber er wird die Sache wohl kaum überlebt haben.

Wie dem auch sei, die Bernsteinstückchen, die heute noch immer an die Strände gespült werden, sind nach dieser litauischen Legende angeblich die Reste des Schlosses. Eine andere Überlieferung besagt, Jūratė habe Kastytis während eines Sturms das Leben gerettet und sich dabei in ihn verliebt. Der eifersüchtige Perkunas habe ihn jedoch, als er von der Liaison erfuhr, getötet und Jūratė beweine seitdem den Tod ihres Liebsten, ihre Tränen würden zu Bernsteinstückchen und an Land gespült werden.

Weniger poetisch ist die tatsächliche Beschaffenheit des seit Jahrtausenden bekannten und als Gold des Meeres bezeichneten Steins, der in Nuancen von weiß, hellgelb, gold, orange, rötlich bis braun zu finden ist. Er besteht aus fossilem Harz, das vor Jahrmillionen aus Nadelbäumen, wahrscheinlich Goldlärche, ausgetreten ist, an der Luft aushärtete, und luftdicht von festen Sand- und Gesteinsschichten bedeckt, zu Bernstein wurde.

Die Suche an den Stränden der Nordsee mag vielleicht nicht ganz so einfach sein wie etwa an der berühmten Bernsteinküste der Ostsee, einem Teil der samländischen Küste bei Königsberg, heute Kaliningrad. Doch mit etwas Glück lässt sich auch am Langeooger Strand das eine oder andere Stückchen finden – am besten ein bis zwei Tage nach einem kräftigen Herbst- oder Wintersturm mit Winden aus Nord bis West. Ideal ist zudem die Zeit zwischen Ebbe und Flut – und viel Sonnenschein. Suchen Sie dort, wo sich schwarzes Holz (Sprockholz) sammelt, es hat angeblich das spezifische Gewicht wie Bernstein. Manche schwören auch, dass Möwen bei der Futtersuche oft über Bernstein kreisen. Und falls es mit der erfolgreichen Suche nicht geklappt hat – auf ins Langeooger Bernstein Huus, hier finden Sie wunderschöne Stücke!

Und so testen Sie die Echtheit: Ein leichtes Klopfen am Zahn sollte einen weichen Ton erzeugen. Übrigens: Nur in einem von etwa 500 Bernsteinen zeigt sich eine Inklusie wie Libelle, Spinne, Moos oder Vogelfeder. Bernstein gilt auch als Heilstein bei Hautkrankheiten aller Art, Heuschnupfen, bei Ungezieferbefall, Zahnbeschwerden (Zahnen), Depressionen und soll sogar die Wundheilung beschleunigen. Viel Glück bei der Suche!

Standorte: Strand und Watt
Bernsteinstübchen: Barkhausenstraße 13 A

28 Gedenkstätten auf dem Dünenfriedhof

Letzte Ruhe an der See

Die berühmteste, vielleicht am häufigsten besuchte und oft mit Blumen geschmückte Gedenkstätte auf dem Langeooger Dünenfriedhof ist das Grab der 1972 verstorbenen Sängerin Lale Andersen, siehe auch Kapitel 2. Doch auch für viele andere ist der in den Dünen gelegene Ort zur letzten Ruhestätte geworden – für Einheimische und Insulaner ebenso wie für viele bekannte und unbekannte „Gestrandete".

Der Friedhof mit seinen muschelschalenbestreuten Wegen wurde 1946 im Norden der Insel am Fuße der sogenannten Heerenhusdünen beim „Drinkeldodenkarkhoff" (Drinkeldoden: ertrunkene, meist unbekannte Seeleute; Karkhoff: Friedhof) angelegt. „Wo nur Gott die Namen kennt", so erinnern einige Steine an jene Menschen, die im Laufe der Jahre von irgendwem und irgendwo vermisst, meist übers Meer kamen und am Strand tot aufgefunden wurden.

Ab 1960 initiierte der spätere Ehrenbürger der Insel, der Arzt Jürgen von Schilling, nach dem heute ein Weg auf dem Friedhof benannt wurde, die ersten Anpflanzungen in der bis dahin kargen Friedhofslandschaft. Hier ruht auch Schillings Vater, der als deutschbaltischer Flüchtling auf die Insel gekommen war. Die sogenannte Baltengedenkstätte erinnert an ihn wie an über 300 weitere, auf der Insel verstorbene Deutschbalten (siehe auch Kapitel 36), welche wegen des Hitler-Stalin-Pakts und damit verbunden nach Flucht und Vertreibung aus Westpreußen im Februar 1945 auf der Insel eine neue Heimat fanden und teils bis an ihr Lebensende auf Langeoog geblieben waren. „Hier ruhen sie fern ihrer baltischen Heimat, die sie während des Zweiten Weltkrieges verloren", ist auf einem Stein vor einer Mauer zu lesen, welche Besucher an eine längst vergangene Zeit und Kultur erinnert und auf Namen und Titel hinweist, die heute teils kaum mehr bekannt sind. Ein Glockenturm gedenkt dieser Menschen ebenfalls. Schilling wurde ebenfalls auf dem Dünenfriedhof bestattet.

Der Baron setzte sich auch für die Kriegsgefangenengrabstätte ein (1953 errichtet), die 113 russischen Soldaten gedenkt, welche während des Zweiten Weltkrieges auf der Insel inhaftiert waren und in Gefangenschaft umkamen (siehe auch Kapitel 51). In der Kapelle erinnern Ikonen und Tafeln in deutscher und kyrillischer Schrift an die verstorbenen Soldaten. Auch ein Bild des gekreuzigten Christus des Inselmalers Anselm Prester (siehe auch Kapitel 91) ist dort zu finden. Weitere von der Familie von Schilling gestiftete Gedenkstellen stehen für die Aussöhnung zwischen Deutschen und Russen. Ein Kreuz erinnert an weitere Opfer von Krieg und Gewaltherrschaft. Die Inschrift am Fuß zeigt Auszüge aus einer Rede des einstigen Bundespräsidenten Richard von Weizsäcker, die er am 8. Mai 1985 anlässlich der Gedenkveranstaltung im Deutschen Bundestag zum 40. Jahrestag des Endes des Zweiten Weltkrieges in Europa hielt.

Standort: Gerk-sin-Spoor

29 Pensionen der Jahrhundertwende

Erinnerungen an einstige Badekultur

Bausünden der Sechziger und Siebziger – auf Langeoog gibt es einige davon. Baudenkmäler indes sind rar geworden, einige wenige stammen noch aus dem 18. Jahrhundert, ein Teil aus den Zeiten des Zweiten Weltkrieges. Doch es gibt auch diejenigen, welche ein besonderes Augenmerk verdienen – die teils veranda-geschmückten und Nostalgie verströmenden Pensionen, deren Zimmer längst zu Ferienwohnungen umgebaut wurden.

Noch immer punkten sie mit der Strahlkraft und dem Charme vergangener Zeiten. Noch heute stehen sie für sittsamen Badespaß während des Kaiserreichs, für Kinder, die in Matrosenkleidung im Nordseesand buddeln, Kurgäste aus der Großstadt mit blassem Teint und angeschlagenen Lungen, die sich von der Seeluft baldige Genesung erhoffen. Sie stehen für feine Damen, die mit knöchellangen Röcken und mit weißer Spitze umsäumten Sonnenschirmchen oder wagenradgroßen Hüten am Strand entlang flanieren, und für Herren, welche ihnen in angemessenem Abstand, stets in einen hellen Anzug gekleidet, folgen. Sie erinnern an eine Zeit, als Damenpad und Herrenpad die Geschlechter getrennt zum Baden an die Nordseestrände führten. An Badeanzüge, die vom Hals bis unter die Knie reichten, an Warmbadeanstalten und zahlungspflichtige (nach arm und reich, Diener und Herrschaft getrennte Preise) Badehäuschen auf Rädern, in denen Damen, verborgen vor allzu begehrlichen Blicken seitens der Männerwelt, über eine kleine Leiter zu Wasser gelassen wurden, um sich eine kurze Erfrischung in den Nordseewellen zu genehmigen – Familienbäder gehörten auf Langeoog nicht zu den allerersten Erfindungen. Auf anderen Inseln längst gang und gäbe, mussten hier Gäste noch bis 1920 darauf warten, fast achtzehn Jahre länger als die Besucher auf Helgoland.

Einer dieser Bauten, deren Anblick jene seltsame Verzückung auslöst, die nur aus retrospektiver Sicht erklärlich ist, ist das Haus Taletta, erbaut 1902, mit heute denkmalgeschützter Fassade und als Pensionsbetrieb viele Jahre genutzt. Ebenso als Pension betrieben wurden auch das Haus Bohlen oder das Böttcher Huus, welches aus der Bauzeit 1890/91 stammt. Es warb einst mit seiner ruhigen Lage, acht freundlichen und geräumigen Zimmern und sehr guter Verpflegung an kleinen Tischen. Einige weitere Häuser zeugen, teils mit Verandenvorbauten, noch von der alten Bäderarchitektur auf der Insel – manche sind wiederum ganz neu im alten Stil erbaut …

Die Bäderkultur selbst begann Ende des 18. Jahrhunderts in England. In Deutschland setzten sich Mediziner und Schriftsteller für Kurbäder an der See ein – doch erst 1793 entstand das erste deutsche Seebad in Heiligendamm, 1797 folgte Norderney, 1801 Travemünde, bis bald allerorts an den deutschen Ost- und Nordseeküsten der Boom einsetzte. Langeoog wurde 1830, damals lebten 22 Familien auf der Insel, zum Seebad erklärt.

Standorte denkmalgeschützter Bauten (Auswahl):

Mittelstraße 1, 15 (Zollhaus), 17,18
Jakob-Pauls-Weg 1
Otto Leuß Weg 3
Rudolf-Eucken-Weg 7
Fährhusweg 5/7

30 De Flinthörners

Mehr als nur ein Shantychor

Den Chor bezeichnen die Mitglieder als „Bark Hoffnung“, sich selbst als Crew – und diese besteht aus über dreißig Männern und einer einzigen Frau. Sie ist die Chorleiterin oder besser gesagt: die Dompteuse, so wird sie jedenfalls liebevoll von ihren Chor-Männern betitelt. Seit den Achtzigerjahren, der Ursprung liegt im Seglerverein Langeoog, singen sie unter der Leitung der ausgebildeten und mittlerweile pensionierten Pädagogin Elisabeth „Puppa“ Peters, die sie allesamt mit Humor, Strenge und ihrem Akkordeon gleichermaßen unter Kontrolle hält. Zudem besteht sie darauf, stets nach jedem Langeoogbesuch wieder ans Festland zurückgebracht zu werden.

Das Repertoire des Shantychores umfasst über 140 typisch deutsche wie auch internationale Shantys, Irish Folk Songs, Sailor- und Seasongs. Von A wie „Ahoi, ohe, es muss mehr Rum zum Tee“ oder „Auf der Reeperbahn nachts um halb eins“ bis W wie „Whiskey for my Johnny“, ist so ziemlich alles vertreten, was sich die allaltersumfassende und zahlreiche Zuhörerschaft nur zu wünschen vermag. Alle vierzehn Tage trifft sich die Crew zum Üben, und wenn die „Bark dann wirklich ablegt“, geht’s so richtig zur Sache! Etwa zwanzig Konzerte stehen alljährlich auf Langeoog von Anfang März bis zum Weihnachtskonzert im Dezember auf dem Programm und wenn De Flinthörners zum Konzert laden, sind die Räume stets voll. Dann kommen die Langeooger ebenso wie die Inselgäste, um sich vom Gesang des Chores buchstäblich vom Hocker reißen zu lassen! Dann spürt man etwas von der früheren Mentalität der Seemänner, Piraten und Freibeuter, von der Lebensfreude und der wilden Freiheit der Meere oder der Sehnsucht nach ihren Lieben zu Hause – und der weit entfernten Heimat.

Doch ihrem Ruf als dem „etwas anderen Shantychor“ machen die Sänger nicht nur auf Langeoog alle Ehre, mittlerweile hat die Bark Hoffnung auch andere Gewässer entdeckt und legt schon mal am Festland an, um dort mit ihrer Musik zu punkten oder auch um nur zu zeigen, wie gut sich Shantys mit modernen Medien vertragen. Die ersten CDs jeweils zum Preis von zehn Euro sind längst erschienen: „No name Bottle“ kam 2009 heraus (Covergestaltung ebenso wie meist die Kulissenbemalung: Inselmaler Anselm Prester; siehe auch Kapitel 91), „Home from the Sea“ 2013. Für die Aufnahme wurde seinerzeit einfach der „große“ Kinosaal auf Langeoog zum Studio umfunktioniert.

Hier eine kleine Titel - Auswahl:

No name Bottle (2009): Sailor’s Prayer, Gin und Rum, The Rising of the Moon, Windjammersong, Blow ye Winds, John Brown’s Daughter, The Last Shanty.

Home from the Sea (2013): Home Boys Home, The Drunken Sailor, North West Passage, Hurrah for the Captain, Cape Cod Girls, The Rosabella, Life Boat Mona, Südseelied.

Weitere Infos: www.flinthoerners.de

31 Auf zu den Hochlandrindern

Der Insel hornigste Bewohner

„Aus der Dämmerung der Zeit kamen wir, bewegten uns lautlos durch die Jahrhunderte ... niemand hat jemals gewusst, dass wir unter euch waren – bis heute.“ So beginnt der Prolog des Fantasy-Action-Films „Highlander – Es kann nur einen geben“ mit Christopher Lambert als Connor The Highlander MacLeod. Für viele Fans noch heute Kult der Achtziger.
Auf Langeoog gibt es ganz andere Kaliber von der Sorte „Highlander“ – nämlich die angeblich schönsten Rindviecher unter der Sonne. Diese zottelig-braunen Tiere der Rasse „Highland Cattle“ haben riesige Köpfe und dekorative Hörner, welche die beachtliche Spannbreite von bis zu 1 Meter 40 erreichen können. Sie kommen jedoch nicht aus der Dämmerung der Zeit, sondern ganz real aus den Hochebenen Schottlands. Das ganze Jahr hindurch stehen sie, absolut winterhart und wetterfest, seit 2001 auch auf der Insel Langeoog und gelten dort längst als attraktiver Blickfang, beliebtes Fotomotiv und erklärtes Ausflugsziel gleichermaßen. Und nicht nur das. Die äußerst robusten, anspruchslosen und an karge Verhältnisse gewöhnten Rindviecher haben eine wichtige Aufgabe in Sachen Dünenschutz, indem sie hinter dem Deich liegende Flächen natürlich erhalten und damit aktiven Küstenschutz betreiben. Die Entwässerungsgräben bleiben frei, die Wiesen „verstruppen“ nicht, wie man auf Langeoog sagt, zudem erspart das Highlander-Dasein den Einsatz von Maschinen. Auch Zufüttern ist nicht notwendig, bestenfalls gibt es mal als besonderen Snack den Grasschnitt vom Deich.
Die Tiere sehen nicht nur beeindruckend aus, sondern, wenn es an der Zeit ist, also nach etwa drei Jahren glücklichen Rindviehdaseins, und sie das „Wiesmoor-Ticket“, so der Besitzer, gen Schlachthof lösen müssen, schmecken sie auch ganz besonders gut. Das führt die Landwirtsfamilie von „Rumbi“ Ahrens auf die gesunde Umgebung, die saftigen Weiden und die an Pflanzenarten reichen Salzwiesen, welche den Tieren zum Grasen zur Verfügung stehen, zurück. Dadurch, so die Info, entsteht ein feinfaserig marmoriertes, cholesterin- und fettarmes, zartes Fleisch, welches in Qualität und Geschmack höchsten Ansprüchen gerecht wird und auf der Insel beispielsweise im Panoramarestaurant Seekrug angeboten wird. Dort gibt es die Langeooger Rinderwurst, eine feine Streichwurst aus dem Fleisch der Insel-Cattles, welche mit kalt gepresstem Olivenöl zubereitet wird – das Rezept wurde von den Betreibern des Restaurants selbst entwickelt.
Erst seit 1978 übrigens wird das lange vom Aussterben bedrohte Highland Cattle auch hierzulande gezüchtet. Viele Züchter haben sich verpflichtet, die Tiere rassegemäß zu erhalten. Mit sieben Tieren fing die Familie Ahrens an, heute sind es über 60. Verwechseln Sie aber bitte die Highland Cattles nicht mit den Galloways, denen fehlen nämlich die Hörner! Aber die sind neuerdings auch auf Langeoog zu finden!

Standorte: Weiden und Wiesen
Restaurant Seekrug: Höhenpromenade 1

32 Legoland Langeoog

Die Insel in 1.000.000 Teilchen

Vom Anleger bis zu Wasserturm und Strand ist alles auf der Anlage zu finden. Nichts Wichtiges fehlt. Kinderherzen geraten schnell in hellste Verzückung, Familienstreitigkeiten bis kleinere oder größere Tragödien sind wegen der möglichen Verweildauer zuweilen vorprogrammiert. Nehmen Sie sich daher Zeit für das Legoland Langeoog! Was gibt es nicht alles zu entdecken! Häuser aller Art, Minigolfanlage, Parks, Hafen, Strandhalle, Reitställe, Hotels, Kirchen, Sandburg, Inselbahn – kurzum die gesamte Insel, gebaut aus circa einer Million Legosteinen. Das Lego-Rathaus hat übrigens einen besonderen Platz im realen Rathaus gefunden und ist dort im Erdgeschoss im rechten Flurteil vom Eingang aus gesehen zu finden.
Die etwa 45 Quadratmeter große und um die 400 Kilogramm schwere Anlage ist im Privatbesitz der Familie Böker aus Herford und steht als Dauerleihgabe im Haus der Insel. Sie wurde von Vater Andreas und Sohn Kai in sechs Jahren Bauzeit von 2006 bis 2012 und einer Aufbauzeit von circa 100 Stunden geschaffen – und komplett aus eigenen Mitteln finanziert.
Die unglaublich detailgenaue Anlage besteht aus Legosteinen, die in jedem Spielzeugladen zu bekommen sind – organisierte Legobauer jedoch können auch zweijährlich direkt bei Lego beziehen, was die Beschaffung spezieller Steine etwas vereinfacht hat. Ansonsten sind der normale Spielzeughandel, der Einkauf in Legoländern wie Billund oder Günzburg, ein reger Tauschhandel unter Gleichgesinnten, Flohmärkte und das Internet wichtige Bezugsquellen für die absolut handelsüblichen Teile.
1932 gründete der dänische Tischlermeister Ole Kirk Christiansen sein Unternehmen, zunächst zur Herstellung von Holzspielzeug, und nannte es bald „Lego“ als Abkürzung für „leg godt“. Das ist dänisch und heißt nichts anderes als „spiel gut“. 1949 wurden erstmals die noch heute mehr oder weniger so aussehenden Legosteine hergestellt. 1958 wurde das Prinzip der Steine nach einigen Verbesserungen zum Patent angemeldet, das 1988 auslief, die Steine wurden im Laufe der Jahrzehnte jedoch immer wieder noch ein klein wenig zur weiteren Optimierung nachjustiert. Doch die heutigen Legosteine passen noch immer mit jenen aus dem Jahr 1963 zusammen, was ganze Heerscharen von Bauwütigen innig verbindet und mit großer Begeisterung Familien generationenübergreifend zusammenbringt – auch wenn seit den Sechzigern viele neue Figuren ins Spiel gekommen sind und noch immer dazukommen. Harry Potter im tyischen Gryffindor-Umhang beispielsweise sowie Darth Vader aus Star Wars haben nämlich ebenfalls auf dem Modell der Insel ihr Plätzchen gefunden.
Viel Spaß beim Suchen!

Standort: Haus der Insel, Kurstraße 1
Öffnungszeiten: montags, dienstags, donnerstags und freitags 10:00 – 12:00 und 15:00 – 17:00 Uhr, mittwochs und samstags 10:00 – 13:00 Uhr

33 Die Langeooger Auster

Nur was für Kenner

Sie benötigen Dalben, Holzpfähle, die im Wasser stehen. Oder Felsen. Oder alte Miesmuschelbänke. Jedenfalls einen festen Untergrund, an dem sie andocken können. Nach der Larvenzeit, die sie schwimmend im Meerwasser verbringen, zementieren sich die Tiere an harten Untergründen fest. Die Rede ist von Austern. Aber auch von Austern auf Langeoog? Ja! Pazifischen Austern. Fragen Sie mal die Einheimischen, sie gehen immer mal los, um „ihre" Austern für ein kulinarisches Erlebnis zu sammeln – auch wenn die Langeooger Austern – im Gegensatz zu den Miesmuscheln vor Ort – wohl recht „schlickig" schmecken sollen …

Austern gibt es an der Nordseeküste seit ewigen Zeiten, sie wurden sogar von Schiffen aus streng bewacht, damit keiner, dem dies nicht zustand, auf die Idee kam, sich an der hier einst heimischen Europäischen Auster (Ostrea edulis) zu vergreifen. Heute ist sie, durch Überfischung, Parasitenbefall und zu kalte Winter fast ausgerottet und kaum mehr zu finden – die letzte, wild Lebende ihrer Art fand man angeblich in den Vierzigerjahren, seitdem galt sie bis 1992 im deutschen Anteil der Nordsee als ausgestorben. Seitdem jedoch ist die Europäische Auster in der alten Heimat wieder zu finden, wahrscheinlich waren die ersten wilden Neuansiedler Ausreißer einer französischen Aquakulturzucht. Noch immer ist die Ostrea edulis jedoch vom Aussterben stark bedroht. Seit 1913 wurden daher immer wieder Versuche unternommen, andere Austernarten im Niedersächsischen Wattenmeer zu kultivieren. Doch die meisten von ihnen mögen den kalten Winter ebenfalls nicht. Der Pazifischen Felsenauster jedoch gefällt es in der Nordsee trotz Kälte gut. Auf Sylt wird daher seit 1986 erfolgreich Pazifikausternzucht betrieben, gilt der Verzehr doch als leichte Kost, die gesundheitsfördernd und aphrodisierend wirkt. Brutfälle sorgen seitdem immer wieder für Wildpopulationen – wie zum Beispiel auf oder besser bei Langeoog. Dort sind sie im Hafengebiet und an der Westmole zu finden und vor allem im Wattgebiet zwischen Wangerooge und Langeoog.

Und worin liegt der Unterschied? Zum einen im Geschmack – die Europäische Auster, als Weichtier des Jahres 2013 gewählt, gilt als besondere Delikatesse, ist selten und entsprechend teuer. Ihre meist hellgraue, runde und eher flache Schale misst im Durchmesser etwa zwölf bis achtzehn Zentimeter. Die länglich geformte und leicht gebogene Pazifische Felsenauster indes kann bis zu 40 Zentimeter groß werden. Als „fines de claire" ist auch sie weltweit bekannt, ihre kulinarischen Anhänger lieben sie als Normannin aus dem Atlantik ebenso wie als Sylter Royal. Aber wie wäre es mal mit einer „Huître d'île Langeoog"? Aber da müssen Sie schon selbst auf die Suche gehen …

Standorte: Hafengebiet, Mole, Wattenmeer

34 Remember Wolf Gerlach

Langeoogs bekanntester Sohn

Wolf Theodor Gerlach? Nie gehört?
Aber Sie kennen so manche Figur aus seiner Feder, zum Beispiel Anton, Berti, Conni, Det, Edi und Fritzchen. Klingelt's? Nein? Dann vielleicht hiermit: Gud'n Aaabend? Nein? Der Gruß? Immer noch nicht? Haben Sie vielleicht noch nie von den Mainzelmännchen gehört? Und auch nicht von Ute, Schnute und Kasimir (WDR) oder Leo und Leo (Bayerisches Fernsehen)?
Wie dem auch sei, ihr geistiger Schöpfer, der Bühnenbildner, Filmarchitekt, Karikaturenzeichner, Maler und Autor Wolf Gerlach, wuchs auf der Nordseeinsel Langeoog auf und somit darf sich die Insel eines bekannten Mannes rühmen, der hier seine Jugendjahre verbrachte. Geboren wurde Gerlach 1928 im pommerschen Stolp, zehn Jahre später zog die Familie auf die ostfriesische Insel. Er verlor früh seinen Vater, einen Innenarchitekten, der ihm außer vielen Erinnerungen etwas hinterließ, was für den weiteren Lebensweg des Jungen entscheidend war – Papier und Tusche. Bald fand der begabte junge Mann Motive für erste Malversuche – die Dünen Langeoogs, das Meer, den Himmel und Tiere aller Art. Sein Wissen eignete er sich als Autodidakt an, bald gab er auf Langeoog Kunstunterricht. Es dauerte nur wenige Jahre, bis Gerlach schließlich in einem Schuhgeschäft im Ort auch erste Bilder ausstellte.
1949 verließ er die Insel, um sein Glück zu suchen und zu finden und seine erste, zunächst undotierte Stelle als Bühnenbildner am Oldenburgischen Staatstheater anzutreten. Danach wechselte er als Chefbühnenbildner nach Braunschweig. Anfang der Sechzigerjahre begann seine Karriere als Filmarchitekt – er machte Werbefilme. Und damit begann seine Berühmtheit. 1963 erfand Gerlach für den Start des ZDF die Mainzelmännchen Anton, Berti, Conni, Det, Edi und Fritzchen, denen er teils auch seine Stimme lieh. Den Namen der drolligen Zipfelmützenträger kreierte er aus den Worten „Mainz", weil dort der Sitz des ZDF ist, und „Heinzelmännchen", weil alle beim Film stets so geschäftig herumwuseln.
Er beschloss, das Karikaturenzeichnen zu seinem Beruf zu machen, und erst im Ruhestand widmete er sich wieder – wie in den Anfängen – der Malerei.
Wolf Gerlach, der hoch ausgezeichnete und mehrfach dekorierte Künstler und Träger des Bundesverdienstkreuzes (1983), war verheiratet und Vater mehrerer Kinder. Er durfte noch erleben, wie die Stadt Mainz ihn kurz nach seinem 80. Geburtstag mit der Ausstellung „Vorgestern, Gestern und Heute – Die drei Leben des Wolf Gerlach, der Vater der Mainzelmännchen" ehrte. Er verstarb in seinem vierundachtzigsten Lebensjahr im November 2012 in Bad Zwischenahn, wo er seinen letzten Wohnsitz hatte.
Auf Langeoog finden Sie heute nur noch vereinzelt das eine oder andere Mainzelmännchen ...

Standort Figuren:
Vitrine im Café-Restaurant He' Tant, Barkhausenstraße 7
Fokko Gerdes: Hauptstraße 29

35 Die Palmen von Langeoog

Südseefeeling am Nordseestrand

Langeoog liegt in der Südsee? Nein, aber der Anblick von Hanfpalmen auf einer ostfriesischen Insel – das hat was und mutet schon etwas ungewöhnlich an. Für die Insulaner sind die Bäume längst Alltag, doch Besucher, die erstmals zur Insel kommen, dürften sich schon hin und wieder über die exotischen Pflanzen wundern. Wo kommen sie her? Waren sie Beute früherer Seefahrer? Hinterlassenschaften von einstigen Strandräubern oder Piraten? Oder ganz romantisch, das Brautgeschenk eines Kapitäns für seine zuhause gebliebene Liebste? Nichts dergleichen. Sie sind der Liebhaberei eines von der Insel begeisterten Paares aus Köln zu verdanken, welches beschlossen hat, seine beiden Hobbys zu vereinen, nämlich die Zucht von Palmen zum einen und – regelmäßig nach Langeoog zu reisen zum anderen. Und das kam so: Dem Wunsch des Paares, auch auf ihrer geliebten Insel, die sie mehrmals im Jahr besuchen, einige „ihrer" Pflanzen stets vor Augen zu haben und der Inselgemeinde einige Jungpalmen aus eigener Züchtung zu spenden, kam im August 2003 die Trias aus Bürgermeister, Gemeindedirektor und Betriebsinspektor nach und nahm die florale Spende gern an. Die Vertreter der Inselgemeinde stellten zudem Gemeindekompost, Schippen und Wasser bereit und erlaubte dem Paar, nur die allerbesten Standorte für die Palmen-Pflanzaktion auszuwählen. Somit fanden chinesische Hanfpalmen und Honigpalmen ein Plätzchen im Vorgarten des Rathauses, die Pflege der Pflanzen obliegt seitdem der Gemeinde.

Doch wie schaffen es diese Pflanzen, sich in der klimatisch rauen Nordseeluft zu halten? Entgegen der allgemeinen Auffassung können manche Palmen sehr wohl auch in weniger mildem Klima leben. Die in Asien beheimatete Hanfpalme „Trachycarpus fortunei" zählt zu den kältehärtesten kultivierten Palmen weltweit und ist beispielsweise auf den britischen Kanalinseln verbreitet. In den Alpenländern ist sie auch als Tessiner Palme bekannt. Nach Europa gelangte sie 1830 erstmals in Form von Samen aus Japan durch den deutschen Arzt und Naturforscher Philipp Franz von Siebold.

Die Honigpalme „Jubaea chilensis" ist in Chile zuhause, liebt eigentlich eher das mediterrane Klima und ist daher häufig am Mittelmeer, aber auch in der Bretagne und in Südengland zu finden. Sie kann, da sie bis minus 15°C frostresistent ist, aber auch mühelos kalte Winter überstehen. Ihren Namen verdankt sie dem zuckerhaltigen Saft, aus dem Palmzucker, Palmhonig und Palmwein hergestellt werden. Da die Bestände gefährdet sind, steht sie in ihrer Heimat mittlerweile unter Naturschutz.

Langeoog – die erste deutsche Palmeninsel in der süd(lichen Nord)see ...

Standorte: Vorgarten Rathaus, Hauptstraße 28

36 Das Baltenheim

Asyl in schweren Zeiten

Die sogenannten Deutschbalten (auch Baltendeutsche) waren ursprünglich eine Minderheit, die sich im späten 12. Jahrhundert als niederdeutsche Einwanderer in den baltischen Provinzen Kurland, Livland, Estland und Ösel niedergelassen hatten. Vertreter von Adel und Großbürgertum nahmen im Laufe der Jahrhunderte großen Einfluss auf die ortsansässige Kultur und Sprache, dem Adel fiel in der Historie dabei eine besondere Rolle zu – aus diesen Reihen rekrutierten sich unzählige bekannte Namen, die bis heute in deutschen wie russischen Geschichtsbüchern zu finden sind. Noch immer kennen Interessierte den Deutschritterorden, eine Ordensgemeinschaft, die gemeinsam mit dem Johanniter- und Malteserorden in der Nachfolge der Ritterorden aus der Zeit der Kreuzzüge steht und heute, mit 1100 Mitgliedern, sich vornehmlich karitativen Aufgaben widmet.
1920 noch als unabhängige Republiken von der sowjetrussischen Regierung anerkannt, endete 1939 mit dem Hitler-Stalin-Pakt, der besagte, dass alle deutschen Bevölkerungsgruppen aus russischen Gebieten umgesiedelt werden mussten, die lange Geschichte und Tradition der Deutschen im Baltikum. Etwa 80.000 Menschen deutscher Herkunft wurden seinerzeit zwangsumgesiedelt Richtung Westen.
So auch jene knapp 700 vor allem älteren Menschen, aus Orten wie Reval, Dorpat oder Hapsal. Sie fanden erst Zuflucht in Schwetz in Westpreußen im sogenannten „Gaualtersheim für Baltendeutsche", bei Bezug eine verwahrloste Anstalt für psychisch Kranke – und die ehemaligen Insassen längst dem Tod geweiht. Von dort mussten die Balten wiederum vor den Rotarmisten flüchten und wurden deshalb auf die Nordseeinsel Langeoog evakuiert, wo nur noch etwa 350 von ihnen am 13. März 1945 lebend ankamen, einige starben unterwegs durch Erschöpfung, Schwäche und Krankheit, es muss eine grauenvolle Reise gewesen sein. Die Unterbringung erfolgte zunächst in einfachen Notunterkünften und Privathäusern. 1957 erfolgte der Ankauf des bald als „Baltenheim" bezeichneten Gebäudes, welches heute noch an seine ehemaligen Bewohner erinnert. Viele von ihnen verstarben in den nächsten Jahren auf der Insel, viele verlebten ihren Lebensabend auf Langeoog, andere zogen nach dem Krieg bald wieder zurück aufs Festland.
Das Heim wurde 1978 geschlossen, die Bewohner ins Brigittenstift nach Barsinghausen bei Hannover gebracht, das Gebäude wurde 2015 an einen neuen Investor verkauft. Es bleibt zu hoffen, dass das „Baltenheim" weiterhin als Gebäude sichtbar und erkennbar seinen Platz in der jüngeren Inselgeschichte behalten kann.

Standort: Kreuzung Um Süd / Rettungspoor

37 Das Dünensingen

Wo sich Jung und Alt gemeinsam treffen

Stets Anfang Mai beginnt das Singen in Langeoogs Dünen – im Tal zwischen Wasserturm und Hauptstrand wöchentlich dienstagabends. Immer dann nämlich, wenn Herbert Burmester im feschen Seemannslook mit weißem Rauschebart, Schiffermütze und Takelhemd oder Streifenshirt seinem Akkordeon feine Töne entlockt und unzählige Gäste – von den ganz Kleinen bis zu denen, die teils seit Jahrzehnten treue Inselbesucher sind – in seine Melodien einstimmen. Dann singen Menschen aus vollen Kehlen mit ihm zusammen stets an dem Abend und bis in den Oktober hinein gut eine Stunde lang allseits bekannte Lieder.
Das Dünensingen beginnt fast immer mit „Hoch auf dem gelben Wagen" – ist immer unter freiem Himmel, kostenlos und gesungen wird mit ganz viel Herzblut. Dann erklingen die gesamte Saison über alte Seemannslieder, Volksweisen oder auch mal ein schöner Kanon. Dann schwebt Musik bis hinunter zum Strand – munterer Gesang von manchmal, besonders in der Hauptsaison, über 500 Gästen, die sich gerne dafür in den Dünen einfinden. Die Lieder kann eigentlich jeder mitsingen, die Texte (zumindest die erste Strophe) sind in der Regel bekannt, und wer musikalisch bewandert ist oder mal Pfadfinder war und im jugendlichen Alter oft genug am Lagerfeuer saß, kennt eh jede Zeile auswendig. Textliche Unterstützung gibt es trotzdem – etwa durch das „Langeooger Liederbuch", für 1,50 Euro käuflich vor Ort zu erwerben. Das Büchlein ist aber auch im Eine-Welt-Laden, im örtlichen Buchhandel oder im Rathaus zu bekommen. Die Einnahmen aus dem Verkauf fließen in die Stiftung „Musik auf Langeoog", welche Chöre auf der Insel unterstützt, wie beispielsweise den Gospelchor (siehe auch Kapitel 60) oder die Kantorei, Chor der evangelischen Inselgemeinde, in dem auch jederzeit Gäste mitsingen dürfen – für sangesfreudige UrlauberInnen der absolute Geheimtipp! Bei schlechtem Wetter findet das Dünensingen an der Lale-Andersen-Statue oder – genauer – vor der Apotheke unterm Dach statt. Und im Herbst, wenn es wieder früher dunkel wird, stimmt Burmester, der auch im Langeooger Chor „De Likedeeler" (siehe Kapitel 60) mitmacht, seine Weisen schon am späten Nachmittag gegen 17:30 Uhr an.
Die Tradition des Dünensingens auf Langeoog geht zurück bis in die Fünfzigerjahre, als ein Lehrer namens Stein erstmals dazu aufrief und mit einer Handvoll Menschen einige Lieder in der rauen Dünenlandschaft der Insel anstimmte. Damals gab es auch noch das Morgensingen am Strand.
Seit 2000 ist Herbert Burmester, 1939 in Wilhelmshaven in eine musikbegeisterte Familie hineingeboren und eigentlich ausgebildeter Zwei-Rad-Mechaniker, der „Chorleiter" in den Dünen.
Singen, so sagen Experten, erzeugt Schwingungen, die gesund, glücklich und klug machen. Worauf warten Sie also noch? Dienstags von Mai bis Oktober...

singen

Standort Dünensingen: Dünen hinter dem Wasserturm, bei schlechtem Wetter an der Lale-Andersen-Statue unterhalb des Wasserturms
Standort Gästechor: Beiboot, Hauptstraße

38 Die Sandburgen-Verordnung

Schildbürgerei vom Feinsten

In den Sechzigern gab es auf Langeoog nicht nur Misswahlen, Faustball- und Tischtennisturniere, Modellsegelbootregatten, Strandrollerrennen oder Strandcricket, sondern auch Sandmodellier- und Sandburgenwettbewerbe. Für die Sandburgen wie Sonnenuhren (es gibt auch eine echte auf der Insel), Nixen, Schiffe oder tatsächliche Burgen mit Namen wie Simsalabim, vergaben die Preisrichter in einem Zeremoniell Plätze wie Preise.

Doch lang ist's her, und als im März 1998 die Nachricht von der Langeooger Sandburgenverordnung durch die Presse ging, sorgte diese für tagelanges Schmunzeln von Freiburg bis Flensburg. Dabei wollten die Verantwortlichen seinerzeit nur eines, nämlich für alle Zeiten unterbinden, was am Sandstrand allmählich überhand nahm und vermehrt für Unmut sorgte: das beliebte Sandburgenbauen in XXL-Format rings um den heiß umkämpften Strandkorb auf Zeit. Nichts gegen Sandburgen, hieß es aus der Verwaltung, aber bitte nicht noch höher und noch breiter, sondern künftig nur noch bis höchstens fünf Meter im Durchmesser und maximal fünfzig Zentimeter hoch.

Und schon war's passiert! Auch wenn von den Obrigkeiten rasch versichert wurde, das seien ja nur ganz allgemeine Richtwerte und Bußgelder zu erheben, wäre selbstverständlich niemals deswegen geplant gewesen: Die Langeooger hatten ihr Fett weg. Die gesamte Republik schmunzelte, die Journalisten bald aller Gazetten griffen zum Telefonhörer, um zu horchen, wie ernst es damit tatsächlich war – oder rannten gleich die gläsernen Rathaustüren ein. Zur Ehrenrettung der Einheimischen ist jedoch zu sagen, dass sie mit ihrer Idee heute nicht ganz allein dastehen. Auch wenn die Amerikaner vielleicht andere Gründe dazu bewogen haben mögen, eine Sandburgen-Verordnung zu erlassen. In den USA jedenfalls sollten, nachdem sich ein Polizeibeamter 2008 in Isle of Palms bei Charleston in South Carolina bei einem Tritt in ein Sandloch den Knöchel verstaucht hatte, dort die Erbauer von Sandburgen künftig gesetzlich dazu verpflichtet werden, ihre Kunstwerke zu bewachen und vor dem Verlassen unbedingt wieder einzuebnen; andernfalls drohten empfindliche Strafen bis zu 500 Dollar. Doch die US-Tourismusbranche stand Kopf und die Beteiligten des jährlichen Sandburgenwettbewerbs begannen zu wettern. Die Verordnung musste umgeschrieben werden…

Wie dem auch sei, eines war den Langeoogern durch den kuriosen Schildbürgerstreich wirklich gelungen: Die Publicity war perfekt! Schließlich war der Ort nun einige Zeit in aller Munde und wer ihn bis dahin noch nicht kannte, war nun um geografisches Wissen reicher – was dem Gästezustrom sicherlich ganz förderlich war. Übrigens: Originelle Sandburgen werden heute noch am Inselstrand gebaut und die Verordnung gibt es noch immer!

Standorte: Strand
Sonnenuhr: Villa Christin, Hauptstraße 2

39 Die Meierei

Ausflugsziel mit feiner Dickmilch und alten Kanonenkugeln

Radeln! Sie! Niemals! Dienstags! Zur! Meierei! Da ist nämlich Ruhetag und nichts ist nach einem Ausflug schließlich schöner – gefühlt hat man dabei ja irgendwie immer Gegenwind – als nach der ganzen Ackerei dort in Ruhe einzukehren und selbstgemachte Dickmilch ganz frisch mit Schwarzbrot und hauseigenem Sanddornsaft zu genießen. Aber natürlich gibt es auch Kaffee und Kuchen oder Herzhaftes, belegte Brote oder Würstchen mit Kartoffelsalat. Doch die Dickmilch ist Kult seit Jahrzehnten und erinnert zugleich an das Dasein der Stätte als einstige Molkerei.

Als erster Siedler zu Beginn des 18. Jahrhunderts gilt der damalige Inselvogt Taaken und es geht die Mär durch die Annalen der Inselgeschichte, dass er das Anwesen zunächst ohne Genehmigung errichten ließ. Egal wie, das Kruggeld jährlich zu Michaelis (29.9.) betrug letztlich zwei Reichstaler und das als Dominalplatz oder Domäne Ostende bezeichnete und etwa acht Kilometer ortsauswärts gelegene Haus wurde ab 1828 als recht beliebte Schenk- und Pachtwirtschaft betrieben. Später gehörte es zeitweise zum Kloster Loccum (siehe auch Kapitel 19) und versorgte die Badegäste, die im Inselhospiz logierten, mit frischer Milch, Butter, Käse, Fleisch, Getreide, Eiern und Gemüse – Seeluft macht bekanntlich ungeheuer hungrig. Erst 1953 wurde die Domäne aufgelöst, die Landwirtschaft aufgegeben.

Der Name Meierei ist bis heute geblieben. 1962 zerstörte ein Brand die Wirtschaftsgebäude. Wohntrakt und Stallungen blieben verschont. Bei Ausschachtungsarbeiten indes fand man einige Hinterlassenschaften von französischen Soldaten, welche während der Kontinentalsperre von 1806 bis 1815 auf Langeoog stationiert waren, noch heute erinnert daran die „Napoleonschanze“, eine Stelle in den Dünen. Diese von Napoleon initiierte Wirtschaftsblockade sollte nach der Niederlage in der Seeschlacht von Trafalgar den gesamten Handel Großbritanniens mit dem Kontinent unterbinden. In einer Tiefe von beinah zwei Metern fanden sich Kanonenkugeln, die jeweils drei Kilogramm wogen, Teile eines Teeservices sowie sogenannte Rechenpfennige, einst in Nürnberg geprägte Münzen mit dem Bildnis Leopold II aus dem Hause Habsburg. Zwei Kanonenkugeln sind heute im Restaurant zu bewundern, welches im Mai 1964 in seiner heutigen Form eröffnet wurde. Ein befestigter Weg zur Meierei entstand erst 1971, ein über fünf Meter hoher Deich zum Schutz der Anlage wurde 1975 errichtet. Seit 2002 recht rigide EU-Richtlinien auch in den entferntesten Zipfeln Niedersachsens vorherrschen, darf Rohmilch auch auf Langeoog nicht mehr einfach so an Verbraucher abgegeben werden – weswegen im Restaurant der Meierei die allseits beliebte Dickmilch nur noch aus Vorzugsmilch, welche strengen Kontrollen unterliegt, angeboten wird. Schmeckt aber fast so gut wie früher!

Standort: Meierei 9

40 Strandsegeln

Altes Gefährt neu entdeckt

Surfen? War gestern. Kiten? So was von retro. Schwimmen? Was für Kinder und Senioren. Heutzutage ist Strandsegeln angesagt! Doch wer glaubt, Strandsegeln wäre eine Erfindung des 21. Jahrhunderts, der irrt gewaltig! Es ist nicht nur heute wieder in, sondern war auch schon im 17. Jahrhundert Trend in Europa. Wenn auch nicht als Sportgerät, so wurden Strandsegler damals gern als sogenannte Segelwagen, die als Nutz- und Transportfahrzeuge dienten, eingesetzt. Und es waren noch nicht mal die Nordlichter, welche sich die Erfindung derselben auf das historische Fähnchen schreiben dürfen, nein, ein Chinese baute das erste Modell – nach Quellen soll es der Philosoph Kao-ts'ang gewesen sein. Demnach gab es Strandsegler in China bereits im 6. Jahrhundert nach Christus und diese Konstrukte konnten seinerzeit viele Personen gleichzeitig befördern und problemlos kilometerweit fahren.

Die Erbauung des ersten europäischen Landseglers um 1600 wird dem Wasserbauingenieur Simon Stevin zugeschrieben. Inspiriert durch Abbildungen chinesischer Strandsegler, standen ihm diese für seinen Prototyp Modell. Sein erstes Exemplar, welches angeblich kaum zwei Stunden für hundert Kilometer benötigte, war eine Arbeit für den damaligen Statthalter von Holland und Zeeland, den erfolgreichen Feldherrn und Prinzen Moritz von Oranien (nach ihm sind die Insel Mauritius und der Moritzplatz in Berlin benannt). Die erste internationale Regatta fand schließlich 1909 in De Panne, Belgien statt. Die heutigen Modelle mögen dem historischen Gefährt von Stevin kaum mehr ähneln, Spaß und Speed sind aber auch ihnen rauszuholen – bis zu 90 Kilometer pro Stunde. Sie gleichen heute ein wenig einem Kajak mit Segel auf drei Rädern, welche bei manchen Modellen auch gegen Kufen ausgetauscht werden können, und schwups wird daraus ein Eissegler – übrigens auch keine Erfindung der neueren Neuzeit, sondern ebenfalls ein Gefährt mit sehr langer Tradition.

Die Steuerung der modernen Segler erfolgt über ein lenkbares Vorderrad. Hierzulande ist dafür ein spezieller „Pilotenschein" vorgeschrieben. Doch die Sportart ist nicht ganz risikolos – Strandsegler benötigen eine besondere Haftpflichtversicherung. Gesegelt wird dann in Klassen; die Regeln beispielsweise für Sicherheit oder Vorfahrten bei Regatten „bestimmt" der Weltverband der Strand- und Landsegler. Langeoogs Strand ist für entsprechend Ambitionierte ein Paradies. 2015 fand dort nach vierzehn Jahren erstmals wieder ein Rennen (Klassen 5 und Promo) statt. Und einfach mal auf Langeoog strandsegeln? Klar geht das – aber leider mit Einschränkungen: im Winter von Ende Oktober bis Anfang März und leider nur Clubmitgliedern und Gastseglern gestattet, am besten noch weitab im Osten oder ganz früh morgens, wenn die anderen alle noch beim Inselbäcker anstehen! Aber Gucken ist ja auch schon aufregend genug …

Weitere Infos: www.strandsegeln-klassev.de

41 Düne 13

Kult mit grüner Tür

Düne 13 – das ist die berühmte Kneipen-Disco mit der ebenso berühmten grünen Tür, durch die seit Jahrzehnten bereits begeisterte Heerscharen von Besuchern gegangen sind und noch immer gehen. So manche Jugendliche haben dort ihre ersten Erfahrungen in Sachen Rausch jedweder Art erlebt, so manche Urlaubsliebe nahm dort ihren Anfang – oder ihr unrühmliches Ende. Düne 13, das ist vor allem auch ein lustiger Name, der sich von einer Düne ableitet, angeblich nach der dreizehnten von West nach Ost gezählt. Obendarauf stand einst eine Surferbretterbude, sozusagen die maritime Wiege der Kultkneipe. Daraus entstand das beliebte „Café Erholung". In den hinteren Räumen des Cafés betrieb eine Insulanerin eine Diskothek für Jugendliche – die Düne eben. 1990 zog die Einrichtung in neue Räume an der Höhenpromenade – und mit spektakulärem Blick direkt aufs Meer. Das Konzept von Musikkneipe, Disco und Surfertreff in einem Guss schlug ein wie eine Bombe. Zunächst nur als Treffpunkt für Surffreunde und nette Bekannte gedacht, mussten zu Saisonbeginn bereits mehrere Hilfskräfte eingestellt werden, um dem Ansturm der Gäste gerecht zu werden. Nach einem Jahr bereits war die Düne ganzjährig geöffnet.

Ihrem Zauber in Panoramalage direkt in den Langeooger Dünen und nur wenige Schritte vom Strand entfernt, erliegen noch immer Jung wie Alt – die Anziehungskraft der Kneipe wirkt wie ein strahlender Magnet. Die Schar der „Dünesüchtigen" reicht vom gemütlichen Inselpolizisten, der samt Hund seine Abendrunde dreht und noch vorbeischaut, bis zu den jungen It-Girls und gesetzten Pärchen vom Niederrhein – schließlich gehört in den wenigen wirklich heißen Sommernächten auch das „Meeresleuchten gucken" (siehe auch Kapitel 52) zum festen Programmpunkt. Wer Hunger hat, kann sich an kleinen Snacks wie Flammkuchen und Butterbrezeln gütlich tun, zu trinken gibt es Becks vom Fass, saisonal auch Altbierbowle. Und klar, Cocktails, zu Beginn ein Novum auf Langeoog und bald der Freifahrtschein in Richtung Kultstatus, fehlen auch heute nicht. Der berühmt-berüchtigte Langeooger „Blow Job" ist stets im Angebot, ein Shot aus Tia Maria und Baileys zu gleichen Teilen, mit einer Krone aus Sprühsahne und ohne Hände getrunken – das Glas muss mit dem Mund aufgenommen und in einem Zug geleert werden. Und seit einigen Jahren ist auch die Düne-13-Beachparty „Strandspaziergang" mit Live Bands und Dj's bei vielen beliebt …

Los geht's übrigens abends um acht, dann heißt es Quatschen und Tanzen bis zum Morgengrauen. Neuerdings kann man schon mal ab 17:00 Uhr vorweg einen Dämmerschoppen genießen oder auf der vier Meter großen Leinwand Fußball gucken, was beides in keinerlei Weise schadet.

Standort: Höhenpromenade 1

42 Die alte Diesellok am Bahnhof

Von motorisierten Anfängen

Es war nicht immer so einfach wie heute, nach Langeoog zu gelangen – kleine Kutter, Ruderboote oder Segelschiffchen legten nur selten vom Festland ab, so manchem Passagier drohte bei riskanten Wendemanövern auch mal ein Schlag gegen den Kopf durch wild umherschlagende Segelstangen; andere erlitten auf halbem Wege unfreiwillig Schiffbruch oder saßen gelegentlich auf Sandbänken fest. Nicht immer gelang dabei die baldige Rettung, längere „Bäderkuren" in der kühlen Nordsee waren durchaus möglich. Trockenen Fußes oder Gepäcks auf der Insel anzukommen, war also nicht immer garantiert, und als 1888 die ersten Dampferchen, etwa die „Piet Hein", gen Insel fuhren, war ein Landungssteg noch nicht in Sicht – die Gäste mussten in kleinere Boote umsteigen und wurden damit an Land gesetzt. 1892 wurde die erste einfache Landungsbrücke, 1918 eine winterfeste Variante gebaut. Um schlussendlich auch vom Anleger ins Inseldorf gelangen zu können, wurden für die regelmäßige Personenbeförderung zunächst von Pferden gezogene Wasserwagen eingesetzt, bestehend aus drei offenen und geschlossenen Wagen, die damals auf Gleisen mit 1000 Millimeter Spurweite bis zum Hospizplatz durchfuhren. Die Pferdebahn, 1901 erbaut und einst eine der modernsten Anlagen entlang der Küste, versah ihren Dienst bis 1936, als ihr eine Sturmflut den Garaus machte. Zudem war der Besucherstrom so rasant angestiegen (38.000 Passagiere), dass alsbald eine andere Lösung gefunden werden musste – ein schnelleres Gefährt musste her. Bereits 1937 zuckelten zwei zweiachsige Diesel-Lokomotiven, KÖ1 und KÖ2, mit zwei Zylinder-Dieselmotor aus der Hause Humboldt-Deutz-Motoren AG mit 17,5 km/h über die Insel – was den Besucherstrom zahlenmäßig innerhalb nur eines Jahres verdoppelte. In den Fünfzigerjahren bekam die gut vier Meter lange KÖ2 einen neuen Motor eingebaut, damit fuhr sie noch bis zum ihrem „Ruhestand" 1982. Heute steht sie in nostalgischem Dunkelgrün als Erinnerungsstück hinter dem Bahnhof und erfreut die Besucher.

Der Zweite Weltkrieg setzte dem Bädertourismus auf Langeoog ein jähes Ende. Doch bereits 1949, als das Eiland den Status „staatlich anerkanntes Nordseeheilbad" erhielt, setzte dieser erneut ein. Seit 1976 macht zudem eine Fahrrinne den tideunabhängigen Schiffsverkehr zur Insel möglich, ab dann boomten die Zahlen! Vom ersten Inselgast im 19. Jahrhundert bis heute über 200.000 Gäste! Wenn man bedenkt: Im Jahr 1810 lebten hier 78 Einwohner in sechzehn Familien und 11 Schweine. Im Jahr 1882 gab es schon vier Gasthöfe mit etwa 120 Logierzimmern und die Speisesäle fassten teils um die 500 Besucher. Auch ein Telegrafist (zugleich Postagent) zählte schon zu den Angestellten der Insel. Welch' ein Aufstieg! Heute legen sehr große Fährschiffe – meist ohne Nordseeabenteuer wie anno dazumal – regelmäßig vom Festland ab und eine kunterbunte Inselbahn bringt alle Besucher in nur sechs Minuten vom Hafen nach Downtown Langeoog – übrigens autofrei seit 1398, wie die Insel seit 2010 für sich schmunzelnd wirbt.

Standort: Wiesenweg

43 Die Weinperle

Württemberg trifft Ostfriesland

Weinprobe bei Kerzenschein mit Lounge Music gefällig? Oder ein Weinduell, bei dem Sie selbst zum Sommelier werden können? Einfach nur mal einen guten Tropfen genießen? Alles möglich. Wo? In der Weinperle, einem der jüngeren Konzepte in der modernen Geschäftswelt Langeoogs.

Seit 2014 bietet der gebürtige Schwabe und ausgebildete Winzer Bernd Frech, der seine Ausbildung von 1988 bis 1990 in den Weingütern Jürgen Ellwanger im Remstal bei Stuttgart sowie Graf von Bentzel in Schozach bei Heilbronn absolviert hat, erlesene Rebensäfte auf der Insel an. Immer wieder besucht er Weinbaugebiete weltweit und findet dabei gute Tröpfchen in Nord- und Südamerika, Spanien, Frankreich, Italien, Schweiz, Österreich und natürlich auch in Deutschland. Ob Weine von den Gütern Friedrich Becker, Rainer Schnaitmann, Rudolf Fürst, Van Volxem oder Schloss Vollrads aus deutschen Landen, Miraval aus Frankreich, Cumulus aus Australien oder Errazuriz aus Chile, bei diesen Namen horchen Kenner auf und wissen, welch' erlesenes Angebot hier zu finden ist.

Frechs Liebe zu Langeoog ist ebenso innig wie sein Weinwissen fundiert, kein Wunder also, dass er Beruf und „location“ gewissermaßen vereint hat und mitsamt Frau und Kindern auf seiner ganz persönlichen „Insel des Lebens“ nach vielen Jahren als Urlauber fest angekommen ist. Dazu gehören Leidenschaft, Mut und Fantasie. Davon hat Frech reichlich, übrigens Jahrgang 1968 und, so der O-Ton des Schwaben aus der württembergischen Hauptstadt Stuttgart, „weintechnisch gesehen ein ganz miserabler Jahrgang – rund um den Globus.“

Doch „schlechter“ Jahrgang hin oder her, das war für ihn nur noch mehr Ansporn. Nicht umsonst kommen seine Weinseminare jedweder Art gut an. Beim Weinduell lernen interessierte Besucher beispielsweise den Unterschied zwischen Biowein und konventionell hergestelltem Wein kennen. Freitagabends lädt der Winzer gern zur romantischen Mitternachtsweinprobe – ungewöhnlich, erlesen, sehr chillig.

Doch wer den Abend lieber am Strand (oder wo auch immer) verbringen mag, kann auch außerhalb der Seminarzeiten in der Weinperle ausgewählte Weine, Sekte und Co. genießen, schließlich versteht sich der Laden als Weinbar – und das zu üblichen Ladenzeiten und -preisen. Hier können Sie einfach nur mal Wein verköstigen oder zwischendurch ein Flötchen Champagner schlürfen. Natürlich nicht irgendeinen. Sondern königlichen Champagner. Pol Roger Brut Prestige Cuvée, Hausmarke der Windsors und Lieblingstropfen Ihrer Majestät, Queen Elisabeth II von England.

Standorte: Barkhausenstraße 6
Weitere Infos: www.weinduene.de

44 Das Vogelwärterhäuschen

Die ornithologische Zählstation

Das Wattenmeer ist weltweit einer der wichtigsten Rastplätze für bis zu zwölf Millionen Zugvögel jährlich, die auf ihren Wanderflügen zwischen Brutplatz und Winterquartier Halt machen. Die Gefiederten kommen dabei von weither, aus Sibirien, Grönland oder Kanada, und fliegen bis nach Südafrika und zur Antarktis. Birdwatching-Highlight alljährlich auf Langeoog: die Zugvogeltage, die mit großem Fach- und Rahmenprogramm festtagsartig zelebriert werden. Doch nicht nur diesen Arten widmet sich die Vogelwarte auf der Insel, sondern auch all' den anderen Piepmätzen, von den allerkleinsten bis zu den ganz großen, den vielerlei Arten von Enten, Schwalben, Schwänen, Gänsen, Möwen, Eulen, Meisen, Weihen, Tauben und Schnepfen bis zu Sperber, Zaunkönig, Nachtigall, Grasmücke, Mäusebussard und Fasan, die auf Langeoog beheimatet sind. Hier sind über 190 verschiedene Vogelarten Stammgäste oder gar zuhause.
Jahrzehntelang stand auf halbem Wege zwischen Jugendherberge und Meierei bei der „Möwenkolonie" eine kleine Infohütte, welche 2015 wegen Baufälligkeit weichen musste. Das neue, moderne und größere „Vogelwärterhäuschen" mit etwa neunzig Quadratmetern Fläche lässt indes das Herz jedes Ornithologen höher schlagen. Hier können Interessierte Vorträge hören oder sich Exkursionen mit verschiedenen Schwerpunkten anschließen, die teils von diplomierten Umweltwissenschaftlern durchgeführt werden. Neu ist auch die Ausstellung „Informationspunkt Vogelwarte Langeoog", die multimedial, selbsterklärend und mit vielen Schautafeln und Exponaten spannenden Einblick gibt in die Lebenswelt von Möwe und Co. Langeoog war bereits 1875 Seevogelschutzgebiet und beherbergte zeitweise sogar die größte Seevogelkolonie in Deutschland. Heute sind die ostfriesischen Inseln für selten gewordene Vogelarten wie Kornweihe und Sumpfohreule letzte ungestörte Rückzugsräume.
Ein Großteil der Arbeit in der Vogelwarte auf Langeoog, welche die Silbermöwe als Symbol trägt, besteht indes in der Erfassung dieser vielen verschiedenartigen Tiere. Vierzehntägig erfolgt daher eine Zählung der See- und Wattvögel, diese dauert jeweils etwa vier Tage. Weiterhin gehört dazu die Kartierung des gesamten Brutvogelbestandes aller Vogelarten in 27 Teilgebieten auf der ganzen Insel, also Dokumentation und Vergleich der Brutpaare und ihr Verhalten zu verschiedenen Tageszeiten. Fast alle Zählungen werden übrigens von freiwilligen Helfern unterstützt.
„Alle Vögel sind schon da" wäre, wenn Sie sich nun auf den Weg machen, die wilde Vogelwelt der Insel zu erkunden, das passende Liedchen – übrigens aus der Feder des Dichters Hoffmann von Fallersleben (1835).
Tipp: unbedingt durch die Vogelkiekerwand der Ingrid und Wilfried Hoppe Naturschutzstiftung gegenüber schauen!

Standort: auf halbem Wege am Radweg zwischen Jugendherberge und Meierei gelegen

45 Der Friedensleuchter

Sächsische Schmiedekunst für die Inselkirche

Polditz ist ein winziges sächsisches Dorf zwischen Leipzig und Dresden nahe der Freiburger Mulde malerisch auf einem kleinen Hügel gelegen, zählt mit seinen gerade mal 160 Einwohnern zur Stadt Leisnig und ist bereits seit 1949 Paten(Partner-)gemeinde der Inselkirche auf Langeoog. Die dazugehörige neoromanische Kirche Sankt Nicolai stammt aus dem Jahr 1865 und verfügt über die größte, heute denkmalgeschützte Ladegast-Orgel Sachsens, welche 1868 der bedeutende Orgelbauer Friedrich Ladegast erbaute.
Kirche wie Orgel waren lange in ihrer Existenz bedroht, nur mit Unterstützung der Patengemeinde auf Langeoog konnte der Abriss des großen Gotteshauses verhindert werden. Jahrelang konnten in Sachen Patenschaft zudem nur Lebensmittelpakete gen DDR geschickt werden, erst in den Achtzigern wurden gegenseitige Besuche in ganz geringem Umfang möglich und letztlich erst mit der innerdeutschen Grenzöffnung 1989 konnte die „Kirchenehe" wirklich mit Leben gefüllt werden.
Zum 103. Geburtstag im Jahr 1993 beispielsweise erhielt die Inselkirche auf Langeoog einen Friedensleuchter (Weltkugelleuchter), eine Auftragsarbeit des Polditzer Werkzeugmachers und Schmiedemeisters Claus Walther. Im Hinblick auf die Bedeutung einer derartigen Patenschaft stellt dieses Werk eine besondere Geste der Verbundenheit dar, welche der Pastor von Sankt Nicolai in seinem Grußwort auch entsprechend hervorhob: „Nur weil die Erde sich bewegt, können wir auf ihr leben; denn diese Bewegung sorgt für den Rhythmus von Tag und Nacht, Sommer und Winter, Arbeit und Freizeit. Auch Ruhe und Urlaub verdanken wir dieser Bewegung, die sich in der leichten Vibration des Leuchters mitteilt, wenn man eine Kerze entzündet. Gleichzeitig mahnt uns dieses leichte Zittern, sensibel und behutsam mit der Erde umzugehen und die eigene Kraft und Neugier nicht zum Maßstab unseres Tuns zu machen – doch manche Menschen gehen mit der Erde um, als hätten sie eine zweite im Keller." Die künstlerische Grundidee des aus Schmiedebronze geschaffenen Leuchters basiert, wie der Theologe Hans Hirschler es ausdrückt, auf dem „protestantischen Urleuchter", der seit der Weltkirchenkonferenz 1968 im Dom zu Uppsala (Schweden) und seitdem auch in vielen weiteren Kirchen zu finden ist.
Vierzig Teelichter stehen für den 13. hebräischen Buchstaben Mem mit dem Zahlenwert 40, der sich von der Darstellung einer gewellten Wasserlinie ableitet, aber ebenso für die Inselfrauen, so der Künstler Claus Walther (Jg. 1949), die früher Lichter ans Ufer stellten, damit ihre Männer unversehrt vom Fischfang zurückfinden konnten. Sie stehen auch, gleichmäßig jeweils über die Nord- und Südhälfte der Erdkugel verteilt, für den Frieden weltweit.
Besonders schön von Juni – September: montags und donnerstags den Abendsegen um 21:15 Uhr rund um den Friedensleuchter miterleben!

Standort: Kirchstraße

46 Mit dem Krabbenkutter unterwegs

Fangen, Garen, Pulen, Genießen

Was gemeinhin hierzulande als Nordseekrabbe bezeichnet wird, ist in Wirklichkeit eigentlich gar keine Krabbe, sondern eine Garnele, die wiederum als Teilgruppe der Gliederfüßer zur Untergruppe der „Crustacea“, der Zehnfußkrebse, zählt. Doch fragen Sie mal an der Küste nach einem Zehnfußkrebs-Brötchen mit feiner Remoulade und dünn geschnittenen Zwiebelringen – da werden Sie wohl nur fragende Blicke ernten! Die Nordseekrabbe (oder Nordseegarnele), übrigens sowohl in Nordsee oder Ostsee zu finden, ist auch als Strandgarnele, Graue Krabbe, Granat, Cameron, Shrimps oder Krevetten bekannt. Ihr wissenschaftlich korrekter Artname lautet „Crangon Crangon“ und jeder Biologe weiß sofort, welches Tier gemeint ist. Doch auch diese Bezeichnung wird einem potentiellen Krabbenbrötchen-Verkäufer nichts mehr als ein ratloses Achselzucken entlocken …

Nun, wie dem auch sei, Garnele, Krebs oder Krabbe, wem der Sinn danach steht, selbiges Getier mal selbst aus dem Meer zu fischen, dem ist eine Fahrt mit dem Krabbenkutter sehr zu empfehlen. Von Langeoog aus starten in der Hauptsaison täglich echte Fischkutter (ebenso verschiedene Motorschiffe) und fahren hinaus ins Wattenmeer. Dort wird das Schleppnetz (genannt Baumkurre) ca. eine Viertelstunde lang über den Meeresgrund gezogen und dann wieder eingeholt. Eingefangene Tiere, wie Fische oder Seesterne, werden betrachtet, ausführlich erklärt und anschließend wieder in die Freiheit entlassen. Die Krabben indes wandern noch direkt auf dem Schiff in den Topf und werden in Meerwasser gegart – durch das Kochen bekommen sie die typisch rötliche Farbe. Wenn sie gar sind, geht's ans Pulen – und genießen.

Die Krabbenfischerei (oder eben Garnelenfischerei) hat an Deutschlands Küsten sowohl an der Nord- wie der Ostsee eine lange Tradition. Bereits im 17. Jahrhundert wurde mit Schiebehamen, wie die Netze genannt wurden, im Wattenmeer danach gefischt. Sie zählt als Teilbereich der Fischerei und ist eine der ältesten Kulturtechniken der Fischerei überhaupt. Bis ins 19. Jahrhundert hinein eine lebenswichtige Proteinquelle für die Küsten- und Inselbewohner, gelangten Krabben erstmals im Zuge der Industrialisierung weiter und tiefer ins Festland – lange jedoch nur als Viehfutter und Dünger. Ihren Siegeszug als Delikatesse trat sie erst im 20. Jahrhundert an, wurde bald zum Sinnbild für Luxus und Reichtum und gerne bei Partys der oberen Zehntausend als besonderer Cocktail zu feinen Häppchen und Champagner gereicht. Heute ist es Luxus, sie ganz frisch zu bekommen. Ohne Reise nach Marokko – schließlich werden dorthin von Norddeutschland aus täglich tonnenweise Krabben transportiert, wo sie geschält und dann wieder retour transportiert werden. Und ohne Benzoe und Zitronensäure konserviert. Genuss pur und unverfälscht eben.

abbenkutt

Standort: Wattenmeer
Infos: Aushänge in den Infokästen, Fischgeschäft Klette, An den Bauhöfen 2

47 Auf Boßeltour

Der ostfriesische Nationalsport

Man braucht nicht viel dafür: einen möglichst wenig befahrenen Weg, einige Kugeln und vor allem eine Handvoll Leute, die viel Spaß an der Sache haben. Für gestrenge Ostfriesen gehört auch noch ein kleines Depot in Form eines Bollerwagens, bestückt mit Hochprozentigem, dazu, an dem zwischendurch immer mal wieder genippt werden kann. Aber das muss nicht, das darf. Doch ein Klootsoeker, auch Kraber genannt und einem Besenstiel mit Auffangkörbchen oder einem Obstpflücker irgendwie ähnlich und dazu dienlich, Kugeln notfalls aus nassen Straßengräben zu fischen, ist von Vorteil.

Die Regeln sind nicht allzu schwer, und wer kegeln kann oder gerne Boccia oder Boule spielt, hat sicherlich auch mit dem Boßeln nicht viel Mühe. Ziel des Spieles ist es, besagte Kugeln mit möglichst wenigen Würfen über eine vorweg festgelegte Strecke zu werfen und dabei viele Punkte (Schoet oder Wurf) zu sammeln. Dabei werden Kugeln verwendet, auch Holz genannt (sie sind gelegentlich sogar noch aus Holz zu bekommen), und bestehen heute meist eher aus Gummi oder Kunststoff. Doch egal, aus welchem Material gearbeitet, sie haben in der Regel Durchmesser zwischen achteinhalb (Jugendkugeln) und zwölf Zentimetern (Männer). Gespielt wird in Teams (selten in Einzelwettkämpfen), aufgeteilt in Gruppen von je vier WerferInnen. Die Teams werfen dabei abwechselnd, in der Regel werden bis zu zwölf Würfe gemacht – da kommen gerne mehrere Stunden und Kilometer zusammen, Zeit wie Strecke sollten Sie daher stets gut kalkulieren. In der Regel wird auf halber Strecke gewendet, damit der Fairness halber alle alle Wege gleicher Bodenbeschaffenheiten durchspielen müssen.

Das Boßeln hat sich aus dem sogenannten Klootschießen entwickelt, einst ein vor allem in friesischen Küstengefilden bekanntes Wurfspiel, bei dem mit „Kluten“, Erdklumpen, geworfen wurde. Es war so beliebt, dass es 1711 von der fürstlichen Regierung verboten wurde, um diesem „mit allerlei Unordnung und einem wilden, wüsten Wesen vergesellschafteten Unternehmen“ bei „Gefängnisstrafe und auch sonstiger scharfer körperlicher Züchtigung“ Einhalt zu gebieten. Ohne Erfolg wie wir heute wissen. Das Spiel war nicht aufzuhalten. Später benutzte man dafür auch Eisenkugeln sowie Kugeln aus Apfelbaumholz, die mit Blei ausgegossen wurden. Heute wird es auch noch gern als Strand- oder Feldkampfspiel ausgetragen. Das Klootschießen selbst ist an wärmere Jahreszeiten gebunden, die Spielregeln sind im Vergleich etwas komplizierter. Beide Gründe verhalfen dem ähnlichen Boßeln mit den einfacheren Regeln und der Wetterunabhängigkeit zu großer Popularität und das Spiel erfreut sich bis heute der ungebrochenen Beliebtheit, welche es vor allem im Norden erfährt.

Weitere Infos: www.bosseln-online.de

48 Die Strandhalle

Vom Aussichtszelt zum Szenetreff

Es ist die sechste im Laufe der Zeit, und hält immerhin seit den Fünfzigerjahren des letzten Jahrhunderts – die berühmte Langeooger Strandhalle, ganz oben auf der zwanzig Meter hohen, sogenannten Punschdüne gelegen, dem höchsten Punkt an der Insel-Höhenpromenade. Die Chronologie ihrer Geschichte liest sich wie ein Sturm-Kalendarium, wobei die Anzahl der Bauten ebenso wie die Baudaten in der gängigen Literatur ein wenig voneinander abweichen:

- Nr. 1 entsteht 1885. Sie wird sechs Jahre später wegen der Gefahr der Unterspülung geschlossen und als
- Nr. 2 im Jahr 1891 (manche Quellen sprechen auch von 1905) weiter zurück ins Landesinnere verlegt und vergrößert. Sie stürzt 1916, bedingt durch Unterspülung der Stranddünen, ein.
- Nr. 3 entsteht 1920 und fällt der Oktoberflut im Jahr 1936 zum Opfer.
- Nr. 4 folgt im gleichen Jahr (manche Quellen sprechen auch von 1937) und muss ebenfalls wieder weichen.
- Nr. 5 entsteht 1945, ihre Reste stürzen im Dezember 1954 während einer Sturmflut ein.
- Nr. 6 entsteht im gleichen Jahr (1954) etwas weiter „hinten" auf der Punschdüne und steht seitdem trutzig, wuchtig und wehrhaft – auf Steinfundamenten errichtet. Bislang hielt sie eisern allen noch so stürmischen Gefahren stand.

Strandhallen sind in deutschen Küstengegenden häufiger zu finden, der Begriff indes ist dehnbar und die Nutzung derselben erfuhr im Laufe der Zeit viele verschiedene Ausführungen. In Bremerhaven beispielsweise diente die Strandhalle einst als Warte- und Speisehalle für Angestellte des Norddeutschen Lloyds, in Wilhelmshaven konnten die Menschen darin einst warme Seebäder nehmen. Die Binzer Strandhalle auf Rügen begann ihr Dasein als Restaurant und ist es – nach einem Intermezzo als Kinobetrieb – auch heute noch. In Grömitz war sie erst als Givtbude (früher Schuppen, um Holz zu trocknen, dann Bezeichnung für Gaststätten in Küstennähe) angesagt, später als Tanzsaal. Auf Langeoog war die erste Strandhalle einst ein kleines Aussichtszelt namens „Abtei" (nach dem Oberkellner benannt, der „Abt" gerufen wurde), Später wurde sie zur Mokka-Bar mit Tanz und Meerblick, darin wurde auch schon mal gekegelt, Cricket und Tennis gespielt, heute beherbergt sie ein Restaurant (Carlsberg-Preis beste Kneipe 2008).
Das Besondere an der Langeooger Strandhalle: Sie liegt einfach wunderbar! An der Sundowner-Bar können Sie einen spektakulären Sonnenuntergang, einen feinen Cocktail und gutes Essen genießen, und dabei zuschauen, wie die Sonne langsam im Meer versinkt. Ort mit Suchtfaktor!

Standort: Höhenpromenade 5

49 Besondere Bäume

Von knorrigen Kastanien und schiefen Windflüchtern

Über 100-jährige Kastanien auf Langeoog? Ja! Und zwar mitten im Dorf – zwei dicke, hohe Bäume mit wunderbar ausladendem Geäst, welches sich über mehrere Meter Durchmesser erstreckt. Kurz vor Ausbruch des Ersten Weltkrieges vergrub die Tochter des ersten Zimmermanns auf der Insel zwei Kastanien aus Oldenburg; was daraus geworden ist – sehen Sie selbst! Eine alte Linde finden Sie etwas erhöht auf einer Art kleinen, mit einer alten Kate bebauten Warft in Richtung Westdorf. Auch die beiden Eschen vor Café Leiß (siehe auch Kapitel 95) sind sehr schön an der Fassade entlang gewachsen.

Ganz besondere Bäume sind natürlich die sogenannten Windflüchter, auf der Insel überall zu entdecken. Aber was sind Windflüchter? Hätten Sie – im Gegensatz zum befragten Kandidaten im September 2010 bei „Wer wird Millionär" – Günther Jauch darauf die korrekte Antwort geben können, wären Sie um 500.000 Euro reicher geworden.

Als Windflüchter werden Bäume und Sträucher bezeichnet, deren Wuchsform deutlich von der Windrichtung bestimmt wird und welche oft eine Art „Windschur" erkennen lässt. Da der Wind an der Küste meist regel- und gleichmäßig aus der selben Himmelsrichtung kommt, oft von Westen, wachsen diese verstärkt in die dieser Wetterseite abgeneigten Richtung – sie flüchten also vor dem Wind, um die eigene Angriffsfläche und damit die Beanspruchung zu verringern. Der mit den Jahren durch den ständig wehenden Wind bedingte ungewöhnliche Wuchs zeigt sich in einer deutlichen Schiefstellung des Stammes (manchmal auch erst ab einer bestimmten Höhe, wenn beispielsweise noch Gebäude schützend davor stehen), einer besonderen Ausprägung der Jahresringe – die dem Wind zugeneigte Seite entwickelt sich langsamer – und einer sich oftmals fast wie eine Fahne am Mast wirkenden Kronenbildung. Interessant ist, dass sich dieses dem Wind angepasste Verhalten bis ins Wurzelwerk fortsetzt – was manche Bäume bei Sturm, der mal aus einer „falschen" Richtung bläst, schneller umknicken lässt.

Die Ostfriesen nennen diese oft bizarr wirkenden Baumgebilde übrigens Windlooper, also Windläufer. Sind sie besonders stark in eine Wuchsrichtung ausgeprägt, heißen sie mancherorts auch Windharfen, da ihre Form ein wenig an Harfen erinnert. Windflüchter haben mancherorts, zum Beispiel in Asien, mehrfach Eingang gefunden in die Malerei, zu ungewöhnlich sind die Gebilde, als dass Künstler einfach so daran vorbeigehen können. Oft sind sie zudem typische Wahrzeichen einer Gegend wie etwa die alten Wacholder-Sabinas auf der Kanareninsel El Hierro. In Hochgebirgen sind sie ebenfalls zu finden – die schiefen Windbuchen im Schwarzwald auf dem Schauinsland – oder eben auch in den norddeutschen Küsten- und Insellandschaften – und damit natürlich auch auf Langeoog.

Standorte:
Alte Kastanien: Biergarten Dwarslooper, Rudolf-Eucken-Weg
Alte Linde: Vorgarten Otto-Leuß-Weg 3
Windflüchter (Auswahl): Vor dem Bahnhof via Hafen, Barkhausenstraße, Wäldchen

50 Ein Stündchen für einen Literaturnobelpreisträger

Der Langeoog-Fan Rudolf Eucken

Suchen Sie sich ein schönes Plätzchen auf der Insel, an dem Sie in Ruhe lesen können, beispielsweise in einem Strandkorb, und dann begeben Sie sich auf eine literarische Reise. Nicht mit irgendwem, sondern mit einem deutschen, fast vergessenen Philosophen, dem im Jahr 1908 von der Schwedischen Akademie in Stockholm immerhin der Nobelpreis für Literatur verliehen wurde: Rudolf Christoph Eucken, Begründer des Neuidealismus, einer Philosophieströmung um die vorletzte Jahrhundertwende, die als Grundgedanken die Notwendigkeit der Befreiung der menschlichen Seele von einseitigem Intellektualismus und Pseudokultur der Technik beinhaltete.

Nach Eucken, einem Badegast der ersten Stunde und begeistertem Inselfan, ist auf Langeoog eine Straße benannt, ihm verdanken wir jene Passagen in seinem Memoirenbüchlein „Ein Stück deutschen Lebens", welche von abenteuerlichen Schiffsüberfahrten berichten, von Teestunden unter Zeltdächern oder der Hefefahne, die gehisst wurde, wenn ein Schiff nicht nur Gäste, sondern auch die von den Hausfrauen so ersehnte Backhefe mitbrachte. Die Lektüre ist ebenso so spannend wie amüsant. Aber auch ein Blick in seine philosophischen Schriften lohnt sich.

Eucken, im Januar 1846 in Aurich geboren, studierte Philosophie, klassische Philologie und Alte Geschichte in Göttingen und Berlin, promovierte über Aristoteles' „Bemerkungen zur Vernunft" und arbeitete als Gymnasiallehrer in Husum, Berlin und Frankfurt am Main. 1871 erhielt er den Ruf als Ordinarius für Philosophie an die Universität Basel, es folgte als weitere Station Jena – wo er blieb. Zudem hielt er Gastvorträge im Ausland und schrieb eifrig an seinen Abhandlungen. Seinerzeit auch in Deutschland recht populär, ist sein wahrer Bekanntheitsgrad aber nach der schwedischen Veröffentlichung seiner „Grundlinien einer neuen Lebensanschauung" 1907 in Skandinavien sehr groß gewesen. 1908 erhielt Eucken den Nobelpreis „in Anerkennung seines ernsthaften Suchens nach der Wahrheit, der durchdringenden Kraft der Gedanken, der Weite seines Blickfelds, der Wärme und Eindringlichkeit der Darstellung, womit er in seinen zahlreichen Arbeiten eine idealistische Lebensphilosophie gerechtfertigt und weiterentwickelt hat."

Doch die Verleihung war umstritten – es gab zwei weitere Kandidaten vor ihm, deren Nominierung sich nicht durchsetzen sollte: der englische Dichter Algernon Charles Swinburne und die schwedische Autorin Selma Lagerlöf (welche im Jahr darauf geehrt wurde). Man wählte stattdessen Eucken, den dritten Namen auf der Liste. In Deutschland wurde die Preisvergabe seinerzeit heftig kritisiert, im Ausland aber wurde Eucken, übrigens der Vater des bekannten Ökonomen Walter Eucken, dafür stürmisch gefeiert.

Der heute fast vergessene Philosoph starb 1926 in Jena – auf Langeoog wird sein Andenken gut bewahrt.

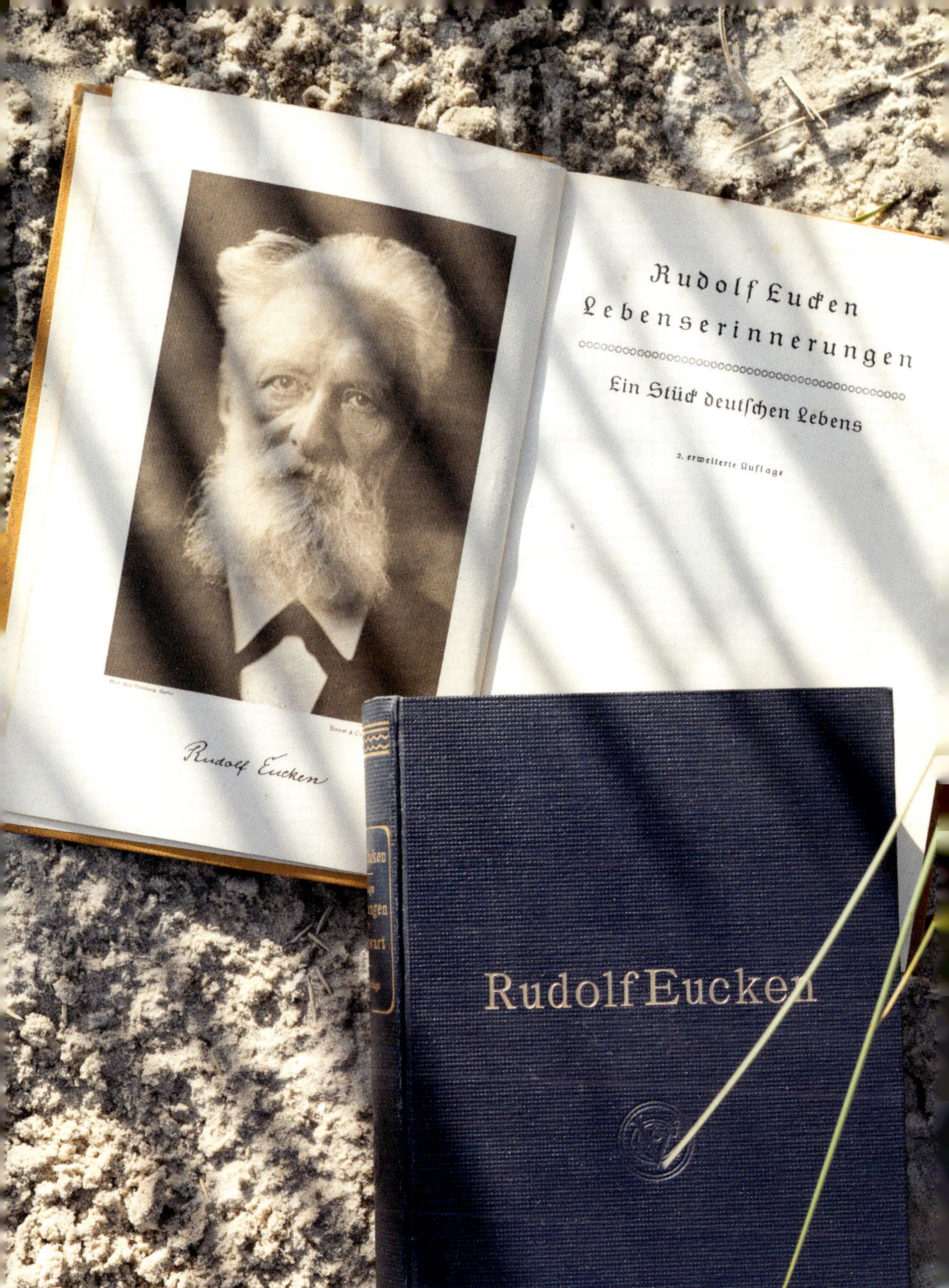

Literatur-Vorschläge:

Der Sinn und Wert des Lebens, 1908
Erkennen und Leben, 1912
Mensch und Welt, 1918
Lebenserinnerungen, 1921

51 Die Meedland-Kapelle und das alte Straßenpflaster

Eine Spurensuche

Nichts erinnert im quirligen Ortsbild von Langeoog mehr an das ehemalige Gefangenenlager in der Gartenstraße, nichts mehr an jene jungen Russen, die während des Zweiten Weltkrieges auf der Insel interniert und hier zu schwerster Zwangsarbeit verurteilt waren. Fast nichts. Denn wo einst das berüchtigte „Russenlager“ lag, befindet sich heute eine kleine Kapelle, ehemals Teile von Küche und Speisesaal der deutschen Wachmannschaften. Seit 2004 wird dieser Ort für Gottesdienste und als Tagungszentrum genutzt, und ist zugleich Andachtsraum und stiller Erinnerungsort an die über 300 Kriegsgefangenen aus Russland, die im August 1941 aus dem Stalag (NS-übliche Abkürzung für Stammlager) Wietzendorf in der Lüneburger Heide ankamen. Die meisten waren um die zwanzig Jahre alt und physisch wie psychisch bereits extrem geschwächt. Im Gegensatz zu den französischen Gefangenen, die ebenfalls interniert waren und sich frei auf der Insel bewegen durften, wurden die jungen Russen hinter Stacheldraht in primitive Baracken gepfercht und streng bewacht. Der Kontakt zur Bevölkerung war ihnen untersagt; wer sich dem widersetzte, hatte mit harten Sanktionen zu rechnen. Sie wurden in Kolonnen durch den Ort zur Arbeit geführt, zum Bunker- und Flakbau, zum Ausbau des seinerzeit Richtung Hafen gelegenen Militärflughafens (heute Wäldchen; siehe auch Kapitel 14) – und der Straßen. Wenn Sie Richtung Ostende raus radeln oder gehen, gedenken Sie einen Moment der russischen Männer, welche hier, um diese Straße zu befestigen, Tag für Tag unter schrecklichen Bedingungen zu Schwerstarbeit gezwungen wurden – noch heute besteht die von ihnen verlegte Hochkantpflasterung.

Mitleid mit den „minderwertigen slawischen Untermenschen“ hatten, bis auf wenige Ausnahmen, die Aufseher so wenig wie die meisten Deutschen. Die Inhaftierten mussten unter so menschenunwürdigen Bedingungen auf der Insel leben, dass viele von ihnen geschwächt von Hunger, Erschöpfung, Krankheiten, Misshandlungen und im Winter 1941/42 auch wegen Kälte während des Arbeitseinsatzes umkamen. Innerhalb nur eines dreiviertel Jahres starb rund ein Drittel der Gefangenen. Mindestens 113 von ihnen fanden in einem Massengrab ihre letzte Ruhestätte. Im Mai 1942 wurden die jungen Männer, welche bis dahin überlebt hatten, zurück nach Wietzendorf verlegt. Wer es dort bis Kriegsende geschafft hatte, durchzuhalten und nach 1945 schließlich zurück in die Heimat kam, wurde in der Stalin-Ära oftmals als Kollaborateur mit den Deutschen erneut in ein Lager gesteckt – häufig für viele Jahre.

Es waren einst junge, gesunde Männer mit Träumen, Wünschen und Plänen für ihre Zukunft und sie hießen Alexander, Anton und Konstantin, Wladimir, Henri und Iwan, Gregor, Peter, Nikolai und Sergej, Jakow, Feodor, Victor und Michael, Stepan, Nikita und Wasil, Andreas, Anatol und Paul …

Standorte:
Kapelle: Freizeit- und Tagungszentrum Haus Meedland, Gartenstraße 3
Pflaster: Willrath-Dreesen-Straße

52 Meeresleuchten

Das schönste Naturschauspiel an Langeoogs Strand

Das Meeresleuchten ... wer einmal das magische, bläulich-grün glitzernde Licht im Meer gesehen hat, wird, so heißt es, dieses sein Lebtag nie wieder vergessen. Wer einmal als Spaziergänger am Strand bläulich schimmernde Fußabdrücke hinterlässt, spürt einen Moment lang Zauberkräfte in sich, und wer in dem mystisch erscheinenden Meer badet und dabei die winzigen Lichter auf seiner Haut tanzen sieht, mag sich vielleicht für einen kurzen Augenblick unsterblich fühlen!
Die Biolumineszenz, wie das Meeresleuchten im Fachjargon heißt, ist in schwülwarmen Hochsommernächten, meist also im Juli und August, an den hiesigen Küsten überall zu entdecken. Aber am kilometerlangen Strand von Langeoog ist es besonders schön anzusehen. Dabei leuchtet nicht das Wasser, sondern es wird durch Noctiluca scintillans, mikroskopisch kleine Einzeller, Dinoflagellaten oder auch Panzergeißelalgen genannt, hervorgerufen, die sich an den Stellen, die zu glitzern beginnen, gerade millionenfach anhäufen und, bedingt durch äußere Reize, wie beispielsweise das Brechen der Wellen, körpereigene Leuchtstoffe ausstoßen. Das „Wie" ist damit geklärt, die Frage nach dem „Warum" jedoch bleibt offen, die Antworten darauf sind nur Vermutungen, die sich darauf berufen, dass möglicherweise eine Form der Kommunikation dieser Lebewesen dahintersteckt, was das oft synchron erscheinende Leuchten erklären würde. Doch letztlich ist das Meeresleuchten wissenschaftlich noch nicht in Gänze erforscht und das „kalte Licht", welches kaum Wärme freisetzt, gilt bis heute als unbewiesenes Phänomen.
Meeresleuchten kannten die Menschen bereits im Altertum, es wurde in der Kunst ebenso verewigt wie in der Literatur beschrieben, beispielsweise bei Jules Verne in dem Band „Zwanzigtausend Meilen unter dem Meer" (1869/70) oder in dem Jugendbuchklassiker „Jim Knopf und die wilde 13" von Michael Ende (1962). Da ist nachzulesen, wie der schwarze Waisenjunge Jim das Meeresleuchten zu reparieren versucht – was er schließlich mithilfe eines Halbdrachens und eines Magneten auch schafft. Besonders schön ist auch die Beschreibung des Meeresleuchtens aus der Feder des deutschen Lyrikers Christian Friedrich Hebbel in seinem gleichnamigen Gedicht aus dem 19. Jahrhundert:

Aus des Meeres dunklen Tiefen
Stieg die Venus still empor,
Als die Nachtigallen riefen
In dem Hain, den sie erkor.

Und zum Spiegel, voll Verlangen,
Glätteten die Wogen sich,
Um ihr Bild noch aufzufangen,
Da sie selbst auf ewig wich.

Lächelnd gönnte sie dem feuchten
Element den letzten Blick,
Davon blieb dem Meer sein Leuchten
Bis auf diesen Tag zurück.

:hten

Standort: Strand

53 Die „Langeoog“ und ihre jüngeren Schwestern und Brüder

Rausfahren, wenn andere reinkommen

Wegenamen wie der Strandübergang Katastrophenstraße oder das Sträßchen Rettungsspoor erinnern auf Langeoog an vergangene Zeiten, als die Rettung aus Seenot noch zum täglich Brot der Inselbewohner gehörte. Es waren Wege, auf denen die Rettungsboote im östlichen Teil der Insel oder vom alten Stationsgebäude, der heutigen Feuerwache im Süderdorf, hinab zum Strand getragen werden mussten. Noch bis 1942 wurden einfache Rettungsruderboote zu Wasser gelassen, später kamen motorbetriebene Fahrzeuge zum Einsatz. Der alte Rettungsbootschuppen ist noch immer auf der Insel zu sehen.

Zuständig für die Seenotrettung in all' ihren Facetten – von der Rettung Schiffbrüchiger bis zur Brandbekämpfung auf See – ist die Deutsche Gesellschaft zur Rettung Schiffbrüchiger (DGzRS; siehe auch Kapitel 20), welche 2015 eine Woche lang ihr 150-jähriges Bestehen feierte. Die DGzRS ist auf über fünfzig Stationen an der Nord- und Ostsee tätig. Zwanzig Seenotrettungskreuzer und vierzig Seenotrettungsboote gehören derzeit zur Flotte, rausfahren, wenn andere reinkommen, lautet die Devise der etwa hundert Freiwilligen und rund 180 festangestellten Besatzungsmitglieder.

Viele Jahre lang lag die heute denkmalgeschützte „Langeoog“ im Hafen vor Anker. Das vierzehn Meter lange und gut viereinhalb Meter breite Seenotrettungsschiff wurde 1944 auf der Pahl-Werft in Hamburg-Finkenwerder gebaut und fuhr mit Vormann und drei Männern Besatzung von März 1945 bis Juli 1980. Seitdem liegt der Kreuzer vor dem Haus der Insel und kann von außen und innen besichtigt werden – ein Besuch ist absolut lohnenswert. Die technische Ausstattung: 150 PS-Maschine, 8,5 Knoten, Funk, Echolot und Radar. Der „Langeoog“ folgten von 1980 bis 1991 der Seenotkreuzer „Hans Lükken“, von 1991 bis 2001 der Seenotkreuzer „Hannes Glogner“, heute noch als Reservekreuzer unterwegs. Seit 2001 ist das Seenotrettungsboot „Caspar Otten“, ausgestattet mit modernster Technik, Navi, Echolot und Bergungspforte, auf Langeoog stationiert. Zur Mannschaft zählen siebzehn Freiwillige. Das Schiff ist nach dem auf der Insel verehrten Vormann Caspar Otten, der hier von 1891 bis 1922 seinen gefährlichen Dienst versah, benannt. Er rettete einst 81 Mann aus Seenot.

By the way: Jahrhundertelang war die Seefahrt überwiegend eine maskuline Angelegenheit, nicht so an der Nordsee. Die Frauen mussten gerade im Rettungswesen mitanpacken, ohne sie wäre wohl so manche Rettung nicht geglückt. Aber ohnhin bestimmten vor allem die Frauen die Inselgeschicke, die Männer (bis auf die ganz jungen oder ganz alten) waren ja meist auf Schiffen unterwegs – die meist weibliche Namen trugen oder wenigstens weibliche Gallionsfiguren hatten. Doch keine Regel ohne Ausnahme: Manche bekamen und bekommen auch heute andere Namen. Wie beispielsweise auch die Schiffe der DGzRS-Flotte – diese werden häufig zu Ehren besonders verdienter Seenotretter oder großzügiger Geldspender männlich oder auf Namen mit regionalem Bezug getauft.

Standort:
Die „Langeoog“: Kurstraße
Rettungsbootschuppen: Rettungsspoor

54 Das Schulenburgische Kreuz

Symbol des Leidens

Seit 1989 schmückt ein besonderes Kruzifix die evangelische Inselkirche auf Langeoog, eine Stiftung der Schriftstellerin Rebekka Lutter. Der Corpus Christi stammt aus der Werkstatt der „Tisa“ Elisabeth Karoline Mary Margarete Veronika Gräfin von der Schulenburg, welche 46-jährig als Konvertitin in ein Kloster eintrat. Er wurde auf einem Kreuz aus zwei Treibholzstücken, welche am Langeooger Strand gefunden wurden, angebracht und soll an das Leiden Christi erinnern und an jene Menschen, welche Opfer von Ungerechtigkeit und Gewalt wurden. Die Künstlerin hatte bei der Schaffung möglicherweise Mitglieder ihrer eigenen Familie vor Augen, ihren Bruder Fritz-Dietlof sowie ihren Onkel Friedrich Werner. Beide wurden im Zusammenhang mit dem Attentat auf Hitler im Juli 1944 wegen Hochverrats noch im gleichen Jahr hingerichtet.

Tisa von der Schulenburg (1903 – 2001) wuchs als Tochter des preußischen Generals Friedrich Bernhard Graf von der Schulenburg und seiner Gemahlin Freda-Marie, geborene Gräfin von Arnim, als einziges Mädchen unter fünf Brüdern auf – keiner von ihnen, weder Eltern noch Brüder, erlebt das Ende des Zweiten Weltkrieges. „Der Schmerz eint uns, doch die Politik trennt uns“, schrieb sie später in einem Memoirenbändchen zum Tod eines Bruders – die Eltern und älteren Brüder begrüßten seinerzeit die Machtergreifung und bekleideten teils hohe Ämter in der Nazizeit.

Mitte der Zwanzigerjahre studierte Tisa Bildhauerei in Berlin. 1927 lernte sie den jüdischen Unternehmer Fritz Hess kennen, dem sie später gegen den Willen der Familie ihr Jawort gab. Nach der Machtergreifung emigrierten sie gemeinsam nach London, die Ehe indes wurde nach zehn Jahren geschieden. Tisa kam zurück, heiratete bald ihren Jugendfreund Carl Ulrich von Barner und lebte mit ihm auf dessen Gut. Ab 1942 bewirtschaftete sie auch das eigene Familiengut Tressow, wo sie nach Fritz-Dietlofs Hinrichtung eine Gedenkplatte anbringen ließ, was sie beinah ins Gefängnis gebracht hätte. Nach dem Verlust der gesamten Familie, Kriegsende, Flucht vor der Roten Armee, erneuter Scheidung und Lektüre über den katholischen Widerstand gegen das Regime konvertierte die Protestantin zum katholischen Glauben.

„Ich kam aus dem Dunkel der eigenen Schuld und der Schuld meines Volkes“, so die Künstlerin. Sie trat 1950 dem Orden der Ursulinen bei und war fortan als Schwester Paula als Kunst- und Zeichenlehrerin und Künstlerin tätig. Im Mittelpunkt ihres künstlerischen Schaffens standen die Themen Leid und Elend der Menschen weltweit, Not, Krieg, Terror, Flucht, Hunger, Krankheit, Armut, Vertreibung und Vernichtung, aber auch Industriearbeit.

1994 erhielt Tisa von der Schulenburg 91-jährig aus der Hand der damaligen Bundesministerin für Frauen und Jugend, Angela Merkel, für ihr Lebenswerk und ihre großen sozialen Verdienste das Bundesverdienstkreuz am Bande.

Standort: Inselkirche, Kirchstraße

55 Auf Wattwanderung

Lehrstunden, aber auch Unendlichkeit und Weite entdecken

Was gibt es nicht alles zu sehen und zu betrachten! Wattwanderungen sind unterhaltsame Lehrstunden in Sachen Biologie, Erd- und Heimatkunde und Interessierte können dabei zahlreiche spannende Fakten erfahren.

Das Watt meint sowohl den Küstenbereich mit seinen zahlreichen Prielen und Rinnen, der im Wechsel der Gezeiten regelmäßig vom Meer überflutet wird und bei Niedrigwasser trocken liegt, als auch den Bodentypus der Wattflächen selbst, Lebensraum Abermillionen kleiner Lebewesen, wie beispielsweise von Würmern, Schnecken, Muscheln oder Krebsen, und damit kulinarisch betrachtet für Zugvögel das Paradies schlechthin. Doch auch die Salzwiesen, die mit der Zeit durch Sedimentablagerungen aus dem Wasser entstanden und nur noch unregelmäßig überflutet werden, zählen dazu, ebenso Dünen, Strände, Sandbänke, in Küstennähe auch Moore, Heideflächen, Wälder und Flussmündungen. Viele Themen, auch für Kinder attraktiv, kommen zur Sprache: Wie kommen Ebbe und Flut zustande? Was ist Plankton? Wovon ernähren sich Robben? Zudem ist das Waten durch den Schlick gesund für die Füße und macht ein Riesenspaß – besonders wenn es heiß ist und man auf Gummistiefel verzichten kann!

Bitte unternehmen Sie solche Touren jedoch niemals allein, sondern nur mit ausgebildeten WattführerInnen. Nicht nur können Sie ohne fachliche Führung in Ruhezonen des Nationalparks Wattenmeer vordringen, 2009 bekanntlich zum UNESCO-Weltnaturerbe erklärt, was schlichtweg verboten und damit strafbar ist, sondern auch in Gefahr für Leib und Leben geraten. Allzu schnell kann nämlich Gewitter, gar Sturm oder auch „nur“ Nebel aufkommen, der die Orientierung sehr erschwert oder die Sicht im wahrsten Sinne des Wortes völlig vernebelt. Ein Priel kann mit Wasser volllaufen und Sie vom Weg abschneiden, der Sie wieder zu sicherem Boden zurückführen soll. Nur sehr erfahrene WattführerInnen können Sie zudem an Todesfallen, wie etwa tiefen Schlicknestern, vorbeilotsen, welche schon manche übermütigen Abenteurer, die auf eigene Faust losgezogen sind, das Leben gekostet haben.

Dennoch gilt die Überquerung des Wattenmeers zu Fuß vom Festland zur Insel oder retour oder eine Wanderung beispielsweise durchs Accumer Ee (Tiefe 18 m) zwischen Langeoog und Baltrum – für die Bewohner der Küstenregion einst alltägliches wie gefahrvolles Fortkommen – als ganz besonderes Highlight. Auf der sicheren Seite sind Sie bei der etwa zehn Kilometer langen, geführten Wattwanderung von Neuharlingersiel mit Kurs auf das Ostende von Langeoog. Diese bedeutet eine gewisse sportliche Herausforderung und ist nur für geübte Wanderer geeignet! Doch die Mühe lohnt sich – hier können Sie wirklich Unendlichkeit und Weite entdecken!

Infos: Auskünfte über zertifizierte Wattführer und Führungen ab Langeoog können Sie bei der Kurverwaltung erfragen, ebenso werden auch vom Festland ausgehende Touren angeboten.

56 Max Böhlen

Der Schweizer Maler und sein Langeooger Meisterwerk

Es würde eines Tages als sein Meisterwerk gelten – das große Bildnis der Langeooger Dünenlandschaft, welches der Schweizer Künstler Max Böhlen 1934 – mit selbstangerührter Ei-Temperafarbe – auf Holz anfertigte. Der Auftrag dieser besonderen Farbmischung wirkt trocken und glanzlos, fast wie der Sand der Insel selbst, die Strichführung des Pinsels ist frei und lang gezogen, dann wieder zu verschieden großen Flecken gesetzt – beinahe aquarellartig und wie das restliche Werk kaum einem „Ismus" zuzuordnen. Das Gemälde ist heute in seinem Nachlass-Museum im malerischen Örtchen Egerten bei Kandern im Markgräflerland nahe dem südbadischen Freiburg im Breisgau zu sehen. Aber wer ist Max Böhlen? Fast niemand kennt ihn mehr und mit der Insel wird er schon gar nicht in Verbindung gebracht. Schade, denn der 1902 in Bern geborene Maler wird heute zur Künstlergruppe „Berner Schule" oder auch „Moderne Schweizerschule" gezählt. Doch diesen Vertretern in der Nachfolge des Schweizer Malers Ferdinand Holder wird in jüngerer Zeit wieder vermehrt die Aufmerksamkeit zuteil, welche ihnen aufgrund ihrer Werke, künstlerische Spannungsfelder zwischen nationaler Identität gegen internationale Anerkennung und Kampf zwischen alter und neuer Kunst zu Beginn des 20. Jahrhunderts, auch gebührt.

Doch was hat der Berner Maler Max Böhlen, welcher als ebenso bescheiden wie unstet galt, mit Langeoog und Ostfriesland zu tun? Drei eidgenössische Kunststipendien wurden dem Schüler der bekannten Berner Malschule Surbek-Frey in den Zwanzigerjahren gewährt, das dritte führte ihn nach Ajaccio, wo er auf Elsa von Rose traf, eine Sprachstudentin aus Aurich. Die beiden heirateten 1930, in den Dreißgerjahren lebten sie in ihrer Heimatstadt, 1934 auch eine Zeit lang auf Langeoog, wo auch eines der insgesamt sieben Kinder des Paares, Tochter Imke, geboren wurde. Ab 1938 erhielt Böhlen, da er nicht bereit war, in die Partei einzutreten, Ausstellungsverbot in Deutschland. Er erwarb daraufhin für seine Familie das „Jägerhaus" bei Kandern und arbeitete fortan in der Schweiz weiter. Erst 1950 kehrte der Künstler dauerhaft zur Familie zurück. Im elterlichen Haus hat der jüngste Sohn Theodor Andreas 1995 das Max-Böhlen-Museum eingerichtet und kümmert sich um den künstlerischen Nachlass des Vaters. Dieser umfasst heute etwa 4000 Ölbilder (2000 davon sind in Familienbesitz, 200 im Museum zu sehen), unzählige Landschafts- und Bildniszeichnungen, Plastiken und Aquarelle – viele davon auch von Langeoog.

Immer wieder zog es Max Böhlen, der mehrfach in der Schweiz, in Freiburg, Bremen und Oldenburg ausstellte und selbst in London, Paris und Südafrika zu sehen war, zurück nach Ostfriesland, zuletzt 1969. Nur zwei Jahre später starb er mit achtundsechzig Jahren an den Folgen einer Gehirnblutung. Auf Langeoog selbst ist bis heute leider kein Bild des Künstlers zu finden.

Standort Museum: Wollbacher Straße 30, Kandern-Egerten

57 Die Medusen der Nordsee

Kleine Quallenkunde

Anmutig. Schön. Tückisch. Der Name: Programm. Die Giftigste ihrer Art soll die australische Seewespe mit einem Schirm etwa in Fußballgröße sein, die Schwersten, wie beispielsweise die Nomura-Qualle mit einem Durchmesser von cirka zwei Metern, bringen bis zu 200 Kilogramm auf die Waage und finden sich an der japanischen Küste. Die ebenfalls giftige Portugiesische Galeere gilt als die Längste und kann bis zu sechzig Meter lange Tentakel entwickeln. Die Kleinste, Halammohydra genannt, misst gerade mal einen Millimeter. Die Rede ist von Medusen, allgemein als Quallen bekannt und den Nesseltieren zugehörig. Sie zählen zu den ältesten Tieren der Erdgeschichte. Je nach Zählart und Einteilung der Nesseltierarten, da herrscht unter Wissenschaftlern bislang noch Unstimmigkeit, sind bislang tausend bis neuntausend Arten bekannt, ihre Lebensräume sind seit über 650 Millionen Jahren die verschiedenen Weltmeere. Und manche von ihnen finden sich auch in der Nordsee. Feuerquallen beispielsweise, auch Haarquallen genannt, mögen eigentlich gern die tiefen, kühleren Gewässer, doch Langeoogkenner wissen, gerade an besonders warmen Tagen machen sie gerne auch mal einen Ausflug in wärmere Gefilde. Ihre Tentakel, welche meterlang werden können, sind mit giftigen Nesseln gefüllt. Um Beute zu fangen, setzen sie diese hoch explosiven Kapseln blitzschnell frei – die Nesseln dringen wie Pfeile in die Haut ein. Keine Sorge, man stirbt nicht daran, wenn es sich nicht gerade um einen riesigen Schwarm handelt – und dann sollten Sie das Baden im Meer eh besser meiden! Aber die Nesseln verursachen ein leichtes bis heftiges Brennen, das nach einigen Stunden wieder nachlässt. Es tut teils höllisch weh und es kann zu einem Hautausschlag kommen. Daher sollten Hautstellen, die mit Feuerquallen in Berührung kamen, rasch mit Meerwasser abgespült, dann mit Sand bestreut und damit dann gut abgeschabt werden. Anders sieht es aus, wenn plötzlich allergische Reaktionen auftreten, wie Fieber, Schwindel, Erbrechen oder Atemnot - dann ab zum Arzt, und zwar schnell. Nesselquallen, ebenso die gelblichen Kompassquallen, können bei Berührung leichte Verbrennungserscheinungen hervorrufen. Das Gift der bläulich schimmernden Ohrenquallen – sie sind am häufigsten am Nordseestrand zu finden – ist ebenso wie das von den Wurzelmundquallen (auch Blumenkohlquallen genannt) relativ schwach und dringt nicht in die Haut ein. Manche von ihnen ändern übrigens, je nach Nahrungsaufnahme, ihre Farbe. Gab es Krebs als Snack, leuchten sie eher orange, ansonsten häufig rosa bis zart lilafarben.

Viele Quallen sind (zumindest teilweise) essbar und Asiaten schwören darauf! Hochdekorierte Sterneköche haben mittlerweile auch ihre Liebe zu ihnen entdeckt. In Streifen geschnitten, mit einem Dressing, beisielsweise aus Frühlingszwiebeln, Brühe, Sojasauce, Sesamöl, Sesamkörnern, Koriander, Ingwer, Salz, Pfeffer und Zucker angemacht, sollen sie eine einzigartige Delikatesse sein!

Standort: Im Wasser und am Strand

58 Langeoog von oben

Mit einem Inselflieger unterwegs

Es ist vielleicht nicht die kostengünstigste Variante, Langeoog zu erkunden, aber ganz sicherlich – und das auch nicht erst, seit der Liedermacher Reinhard Mey in den Siebzigern den Kick des Fliegens besungen hat – eine der aufregendsten, wenn Sie sich mit einem kleinen „Inselflieger“ in die Lüfte schwingen. Mit dem Begriff ist, wenngleich im landläufigen Sinne häufiger für ein kleines Kind (weswegen auch manche Kindergärten diesen Namen tragen) oder für einen Studenten der Landwirtschaft benutzt, ein kleines Propellerflugzeug gemeint. Und wenn Sie flugtauglich auch in kleinen Maschinen sind, steht einem Ausflug hoch in den Himmel über Langeoog nichts mehr im Wege! Oder kommen Sie mit einer eigenen Maschine? Auf der Insel existiert ein Sportflughafen, der als Verkehrslandeplatz klassifiziert und für Flugzeuge bis 2000 kg, Motorsegler, Helikopter bis 5700 kg, zweimotorige Maschinen, Turboprops, Leichtflugzeuge, Schulterdecker oder Ultraleichtflugzeuge zugelassen ist.
Von Harle oder Norddeich am Festland geht's mit einem „Watthopser“, einer BN 2 Britten Norman „Islander“ oder Cessna C 172 XP übers Wattenmeer Richtung Eiland. Sie können dafür zwischen fünfzehn, dreißig und sechzig Minuten Flugzeit wählen. Je länger die Flugzeit, desto mehr können Sie natürlich von Langeoog und den benachbarten Inseln sehen. Während des Fluges erklärt Ihnen der Pilot einiges – wenn er kundig und zum Erzählen aufglegt ist.
Und falls Sie oder Ihre Angehörigen mit Flugangst zu kämpfen haben oder schlicht als Passagier noch zu klein sind, der Geldbeutel gerade mal wieder gähnende Leere zeigt oder das Wetter partout nicht mitspielen will, machen Sie es sich beim Basteln gemütlich – die BN 2 gibt es auch als Bastelbogen. Einfach im Internet runterladen unter www.inselflieger.de/flotte/. Oder Sie nehmen demnächst einfach mal Linie und reisen per Flieger an. Oder wünschen sich zum nächsten runden Geburtstag einen Charterflug nach Langeoog. Alles möglich.

Die technischen Daten:

BN 2 Britten Norman „Islander“:
Leistung: 2 mal 300 PS
Sitzplätze: 9 + Pilot
Reichweite: 1000 km
Geschwindigkeit: 200 km/h
Reiseflughöhe: 3000 m
Abfluggewicht: 2994 kg max.

Cessna C 172 XP:
Leistung: 195 PS
Sitzplätze: 3 + Pilot
Reichweite: 1000 km
Geschwindigkeit: 200 km/h
Reiseflughöhe: 3000 m
Abfluggewicht: 1157 kg max.

von oben

Standort: Flughafen Langeoog
Weitere Infos: www.inselflieger.de/startseite/

59 Joke macht's!

Möbel und Kunst aus Treibholz

Salzholz, so bezeichnet Joke Pouliart das Treibholz, welches an Langeoogs Strand angeschwemmt wird, und baut daraus Möbelstücke wie Tische, Stühle oder Regale, dazu Gebrauchsgegenstände, zum Beispiel Lampen, Kerzenständer und Bilderrahmen, und gern auch mal Kunstobjekte.

Mit Rahmen fing einst alles an, als ein guter Freund und Fotograf seine erste Ausstellung plante – mit Fotografien in seelenlosen, gleichförmigen Rahmen. Pouliart ging los, begann Holz zu sammeln und fertigte nächtelang daraus Rahmen, die seiner Meinung nach viel besser zu den Fotografien des Freundes passten. Seitdem verarbeitet er alles, was das Meer anspült – und die Form des Holzes bestimmt, was am Ende daraus wird. Oftmals, so der Künstler, der seit 2000 auf Langeoog lebt und einst der Liebe wegen den Weg auf die Insel fand, kommt ihm eine Idee erst, wenn er das Holzstück in seinen Händen hält: „Das Interessante sind die Farben und Texturen, die so entstehen, zudem erhält jedes Fundstück auf diese Weise ein neues Leben und eine völlig andere Bedeutung."

Längst hat Joke Pouliart, der 1968 in Düsseldorf geboren wurde, eine lange Liste an Auftragsarbeiten und seine Kundschaft muss gelegentlich recht geduldig sein. „Es kann manchmal schon einige Zeit dauern, bis das Meer das richtige Holzstück freigibt", sagt er. Nur etwa fünf bis fünfundzwanzig Stücke fertigt er pro Jahr an. Für mehr reicht die Zeit nicht mehr, seit er auch Führungen auf der Insel anbietet, zum Beispiel die Radtour „So schmeckt Langeoog", bei der er mit Gästen zu seinen Lieblingsplätzen auf der Insel fährt (wie andere Kollegen, zum Beispiel der Insulaner Peer Agena, übrigens auch) und dabei regionale Köstlichkeiten anbietet wie Rehschinken, geräucherten Fisch oder Strandasterkäse. Beruflich ist das etwas anderes, als dem ausgebildeten Tischler, der viele Jahre als Planer in einem Architekturbüro gearbeitet hat und seinen ersten Lebensunterhalt auf Langeoog zunächst als Hafenmeister und Tischler verdiente, ursprünglich mal vorschwebte: Er wollte eigentlich Innenarchitekt werden. Das Arbeiten mit Holz ist ihm indes in die Wiege gelegt. Seine flämischen Vorfahren, die er bis 1645 zurückverfolgen kann, waren, bis auf die Eltern- und Großelterngeneration, samt und sonders in der mütterlichen Linie Tischler, Kunsttischler und Holzbildhauer. Und er ist es nun wieder – in zwölfter Generation.

Der „Beuteinsulaner", wie sich Joke Pouliart selbst bezeichnet, hat sich den Begriff Salzholz, welcher der Fachsprache im Bergbau entlehnt ist, als Wort und Bildmarke patentieren und schützen lassen. Die Werkstatt steht – noch – am Festland, das Salzholz indes stammt allermeist vom Strand auf Langeoog – und hin und wieder ist auch ein Stück „bearbeitetes" Salzholz von ihm in den Schaufenstern auf der Insel zu entdecken.

Standort Werkstatt: Rinzeldorfer Straße 17, Potshausen
Tour: Park vor dem Bahnhofsgebäude bis zur Meierei, Rad mitbringen

60 De Likedeeler und der Gospelchor

Chorleben auf Langeoog

Angeblich ist die Ausrottung der Kaninchen 1874 auf der Insel schuld daran, dass heute auf Langeoog so viel musiziert und gesungen wird. Mit dem Verkauf der Bälge jedenfalls soll das erste auf der Insel existierende Harmonium finanziert worden sein, der erste Chor formierte sich kurz nach Beendigung des Ersten Weltkrieges – zunächst, um an Konfirmationssonntagen und Weihnachten zu singen oder um betagte Jubilare mit Sangesfreuden zu beglücken. Und seitdem singen sie auf Langeoog. Nicht mehr nur christliche Lieder, wie auf der Homepage des 1952 gegründeten Langeoogchors „De Likedeeler" nachzulesen ist, sondern heute vor allem gern seemännisch, volkstümlich, nordisch, wellig, windig, lieblich und frisch. Und auf alle Fälle immer zum Mitsingen. Und so lesen sich auch die Titel des Repertoires: „Blaue Nacht am Hafen", „Grüße von dem Nordseestrand", „Dat Du min Leevsten bist" und viele weitere bekannte Lieder, gern auch die Lieder der berühmtesten Wahl-Langeoogerin Lale Andersen wie die „Fischer von Langeoog". Lieder, die tatsächlich zumindest zum Mitsummen taugen – Textsicherheit ist eine andere Sache und am ehesten noch bei älterem Publikum vorhanden. Der Chor schaffte es übrigens schon bis zum NDR – 2000 hatte er in der Fernsehsendung „Wunderschöner Norden" einen Gastauftritt.

Musik wird auf Langeoog also bis heute ganz groß geschrieben. Gospel vermutet man indes eher in Amerika und weniger auf ostfriesischen Inseln. Doch genau da gibt es sehr rege und absolut hörenswerte Gospelchöre – einer davon ist auf Langeoog zuhause! Dem relativ jungen Chor (Gründungsjahr 2006) gehören um die fünfzig Mitglieder an, geleitet wird er seit 2014 von Noemi Rohloff, in Teilzeit Kantorin der Inselkirche und zugleich musikalische Leiterin des Langeooger Blechbläser-Ensembles Lütt & Groot. Die gebürtige Ungarin aus Budapest hat Chorleitung, Schul- und Kirchenmusik studiert. Lange teilte sie sich die Stelle mit ihrem Mann, ebenfalls Kirchenmusiker, der mittlerweile bei der Paulusgemeinde seiner hanseatischen Heimatstadt Hamburg tätig ist. Den Impuls seinerzeit, gemeinsam auf die Insel zu ziehen, bekam Noemi Rohloff von ihrem ehemaligen (deutschen) Orgellehrer, der zu ihr sagte: „Die Deutschen sind ein komisches Volk. Die singen sogar im Urlaub gern." Sie hören auch gern Musik, wie wir wissen, und auf dem Programm, das genau jenen Urlaubern jedes Jahr vom Gospelchor auf Langeoog präsentiert wird, umfasst traditionelle wie neue Gospels, afrikanische Lieder und christliche Lieder sowie Jazz- und Popsongs, teils aufwändig arrangierte mehrstimmige Chorsätze. Da ist schon Gänsehautfeeling angesagt, wenn die Inselkirche bis auf den letzen Platz gefüllt ist und plötzlich Oh happy day zu hören ist. Besondere Momente: die Soloeinlagen – vor allem, wenn die Langeoogerinnen ihre klaren Sopran- und Altstimmen erheben.

Weitere Infos:

De Likedeeler: www.de-likedeeler.de

Gospelchor: www.inselkark.de/Kirchenmusik/Gospelchor

61 Einmal rum ums Eiland

Die 30-km-Rundwanderung

Einmal komplett rum auf erlaubten Wegen – das sind gut dreißig Kilometer. Für geübte und trainierte Wanderer, die auch gern am Strand marschieren und weder Sand noch Gegenwind scheuen, ist das keine besonders große Runde und weniger belastbare Wanderer könnten notfalls auch mit dem Rad die Insel erkunden. Aber Achtung – nicht alle Wege sind für Fahrradfahrer erlaubt, eventuell müssen Sie auf andere Wege ausweichen!

Packen Sie ein großes Tages-Lunch-Paket und ausreichend Trinkbares ein. Verpflegungstechnisch gesehen sind Sie auf der Strecke nämlich ziemlich auf sich gestellt – außer an einigen Strandübergängen, am Hafen, in der Meierei und später wieder im Ort, werden Sie kaum etwas zu essen oder trinken finden! Denken Sie auch an adäquaten Sonnenschutz (Creme, Kopfbedeckung, Brille) und Badezeug samt Handtuch – im einsamen Osten der Insel werden Sie sich an besonders heißen Tagen vielleicht auch mal in die Fluten stürzen wollen. Nacktbaden ist dort ohne weiteres möglich, es gibt gemischte, also textile und textilfreie Strandabschnitte, echte Hardliner kennen den inoffiziellen FKK-Strand Richtung Osten.

Starten Sie die Tour am Dünenfriedhof Richtung Strandabschnitt L, vor dem kleinen Strandweg aber gehen Sie weiter gen Westen. Vor Ihnen liegt nun die teils gut zwanzig Meter hoch gelegene Höhenpromenade (aus dem Jahr 1963), die sich anderthalb Kilometer lang am Dünenrand entlang erstreckt – die höchste Promenade übrigens aller ostfriesischen Inseln. Sie umrunden dann das Wäldchen und kommen schließlich zum Naturschutzgebiet Flinthörn, wo sie sich auf einem Naturlehrpfad über das Leben im Watt informieren können. Am Hafen angekommen, geht es auf dem Deich Richtung Osten, dann weiter auf der Straße Richtung Meierei, wo sie auch den Schloppsee und die Melkhörndüne finden. Sie passieren dabei einige Salzwiesen, die wattseitig gelegen einen spannenden Einblick in die vielfältige Fauna und Flora geben – besonders schön in den Monaten von Mai bis Oktober, wenn die Wiesen in allen Farben des Regenbogens blühen und die Pflanzen ihre unglaubliche Pracht entfalten! Am neuen Vogelwärterhäuschen und der Meierei vorbei gelangen Sie schließlich zum Ostende. Hier können Sie mit viel Glück sogar Robben auf vorgelagerten Sandbänken beim Sonnenbad zusehen. Zurück können Sie zwei Routen wählen, entweder durchs Pirolatal oder am Strand entlang. Doch letztere Entscheidung benötigt bei manchen Wetterlagen Mut und Zuversicht in die eigene Kräfte: Etwas Gegenwind ist, außer an wirklich warmen Sommertagen, fast immer da, und hin und wieder muss man sich auch mit fest zusammengebissenen Zähnen dem starken Gegenwind entgegenstemmen! Auf jeden Fall gelangen Sie auf beiden Wegen wieder zur Straße Gerk-sin-Spoor und damit zum Ausgangspunkt zurück. Horrido!

Standort: Gerk-sin-Spoor

62 Die Langeooger Puppenkiste

Hurra, hurra, der Kasper, der ist wieder da!

Manchmal sind es nur winzige Momente, welche eine gute Idee (wieder) zum Leben erwecken wie beispielsweise ein gemütlicher Spaziergang in Hamburg. Genau so war es auch bei der Langeooger Puppenkiste. Die Gründerin der Spielgruppe, die auf Langeoog ansässige Zahnärztin Dr. Gabriele Hübener, sah einen bunten Kasper in den Auslagen liegen, bestellte ihn, eine Bühne und gleich noch einen Satz von den anderen prominenten Handspielfiguren, die früher jedes Kind kannte, dazu. Doch es sind nicht irgendwelche Handspielpuppen, die seitdem zur Freude der Kinder auf Langeoog Geschichten erzählen, sondern es sind Hohnsteiner Handspielpuppen, welche noch immer traditionell nach einer Vorlage aus den Zwanzigerjahren in dem sächsischen Ort geschnitzt werden und einst durch den berühmten Puppenspieler Max Jacob ihren Siegeszug rund um den Globus antraten. Die charakteristischen Köpfe – sie werden aus gut abgelagertem Lindenholz hergestellt – sowie die typische Bemalung mit ungiftigen Farben und die handgeschneiderte Bekleidung sind das Kennzeichen der Figuren. Zunächst gab es auf Langeoog mit den Figuren einige kleinere Straßenauftritte, es folgte die Einrichtung einer AG in der Inselschule, bald wurden eigene Räumlichkeiten nötig, damit das Ensemble um Hübener, welche die Stücke selbst schreibt, die Puppen auftreten lassen konnte – und kann. Die Spieler setzen damit eine Tradition fort, die es auf der Insel bereits in den Dreißgerjahren gab und vier Jahrzehnte Bestand hatte. Das Kasperltheater indes, ursprünglich ein derbes Spiel zur Belustigung von Erwachsenen und erst seit dem 18. Jahrhundert als Unterhaltungstheater für Kinder bekannt, ist im 21. Jahrhundert ein wenig aus der Mode gekommen. Fernsehen und Computer haben Kasper, Seppl und Co., welche einst sogar vor Frontsoldaten während der beiden Weltkriege Auftritte hatten, weitestgehend aus den heimischen Kinderzimmern verdrängt. Doch zunehmend sind Handspielpuppen zum pädagogischen Einsatz wieder gefragt, die Stückeschreiber nutzen deren Identifikationspotential – stehen diese doch stets für bestimmte charakterliche Eigenschaften und können somit sehr viele und vor allem auch sehr junge Zuschauer erreichen. Der Kasper verkörpert Eigenschaften wie Ehrlichkeit und Verlässlichkeit, Figuren wie die Gretel sind „vernünftig“. Hexe, Teufel und Räuber stehen für das Böse und Geheimnisvolle, für Ordnung sorgen etwa König und Wachmeister. Daraus haben sich moderne Varianten als Lehrtheater, beispielsweise in der Verkehrserziehung, entwickelt.

Mit der Puppenkiste ging der Traum der Begründerin in Erfüllung – nicht nur während der Saison freitags, wenn nachmittags gespielt wird, sondern künftig auch zu Ostern beim „Langeooger Poppenspölerfest“, wo sich auch die weltweit tätigen Profis ein Stelldichein auf der Insel geben!

Standort: Spöölstuv, Kavalierpad

63 Das große Strand-Volleyball-Turnier

Pritschen, Baggern, Strand und Meer!

Für manche Urlauber, die teils extra von weither dafür anreisen, ist es das Highlight des Jahres schlechthin, andere genießen einfach nur die besondere Stimmung am Strand, doch für viele Gäste ist es schlichtweg Langeooger Inselkult: das Strand-Volleyball-Turnier. Bereits über dreißig Mal hießen die Langeooger dazu im Frühsommer sportlich hoch ambitionierte Strand-VolleyballspielerInnen willkommen, mittlerweile sind es über 700, die jährlich anreisen und sich in über sechzig Gruppen – gespielt wird in Sechser-Teams – miteinander messen. Es treten Mannschaften aus halb Deutschland an mit so lustigen Namen wie Langeooger Strandhasen (mehrmals Gewinner!) Sandflöhe, Zwietracht Oldenburg, Superschnecken, Pinchen Pause, Quallenquetscher oder Schlagmützen oder Bodos Sachsen Sexer.
Die Eröffnung der Spiele beginnt samstags um elf Uhr. Dann heißt es: Pritschen und Baggern, was das Zeug hält! In Runde 1 geht's erst mal um die Platzermittlung eins bis vier. Gespielt wird dabei zweimal zehn Minuten, jeder Satz zählt für sich einen Punkt, bei einem Unentschieden muss ein weiterer Punkt ausgespielt werden, welcher den Satz entscheidet. In Runde 2 müssen die Gruppenersten aus Runde 1 neue Mannschaften bilden, ebenso die Zweit- , Dritt- und Viertplazierten. Wieder wird zweimal zehn Minuten gespielt, wieder zählt jeder Satz für sich einen Punkt, wieder muss bei einem Unentschieden ein weiterer Punkt ausgespielt werden. Am Sonntag geht's schließlich nach den gleichen Regeln in Runde 3 weiter ins Halbfinale und Finale – und um den Tuniersieg.
Die Anfänge der Sportart, auch Beach-Volleyball genannt, reichen zum Beginn des 20. Jahrhunderts zurück, als die ersten Spiele 1915 am Strand von Waikīkī auf Hawaii ausgetragen wurden. Von dort gelangte das Spiel nach Kalifornien, wo 1922 die ersten Clubs gegründet und Wettkämpfe ausgetragen wurden. Doch erst viele Jahre später fand Strand-Volleyball auch Eingang an europäischen Stränden – Turniere in Deutschland fanden erstmals 1989 statt. Das Langeooger Turnier galt dabei eine Zeit lang als das größte Turnier in ganz Europa.
Seit 1996 zählt die Sportart zum Programm der Olympischen Spiele. Bei offiziellen Wettkämpfen besteht eine Strand-Volleyballmannschaft stets aus zwei Spielern, größere Mannschaften sind nur im Freizeitspiel zulässig. Gespielt wird barfuss, zur Kleidung der Männer zählen Short und Shirt, Frauen indes durften noch bis 2012 nur im Bikini antreten, heute sind auch bei ihnen Shorts bis oberhalb des Knies und Shirts mit Ärmeln erlaubt.
Auf Langeoog wird leidenschaftlich gern und oft Strand-Volleyball gespielt und auch gefeiert – nämlich bei den sich anschließenden und längst legendär gewordenen Turnierfeten, wenn die DJs die Stimmung so richtig schön anheizen.

Strand-Vol

Standort: Strand

64 Das Muschelparadies in der Heerenhussiedlung

Schönheiten aus der ganzen Welt

Muscheln satt, so könnte man die Sache kurz und prägnant auf einen Nenner bringen, die 1999 ihren Anfang nahm und die Gäste auf Langeoog immer wieder in Staunen versetzt: das Muschelparadies in der Heerenhussiedlung. In einem kleinen Hausanbau finden Interessierte Muscheln von winzig klein bis riesengroß und aus der ganzen Welt – eine der größten Sammlungen im gesamten norddeutschen Gebiet und wohl die größte in Ostfriesland.

Schon als Kind hat die 1944 auf Langeoog geborene Insulanerin – und nur, wer auf der Insel wirklich auch geboren ist, darf sich streng genommen als solche/r bezeichnen – Renate Gieseler ihre Liebe zu Muscheln entdeckt und diese leidenschaftlich gern an Langeoogs langem Sandstrand gesammelt. Besonders die Wellhornschnecke hat es ihr angetan und noch immer zieht sie in den kalten Wintermonaten los, um die früher in den Küstenregionen als wichtiges Lebensmittel gehandelte und heute vielerorts als Delikatesse geltende Schnecke zu finden. Doch im Angebot hat sie, um nur wenige zu nennen, beispielsweise auch Meerohr, Löwenpranke oder Turbanschnecke. Auch die Seeigelsammlung ist beachtenswert. Zu finden sind Exemplare vom flachen Sanddoller mit seinem fünfblättrigen Blumenmuster bis zum Stachel- oder Griffelseeigel, ebenso Seesterne wie der Kissen- oder Noppenseestern. Die kleinsten Exemplare aller Arten gibt es bereits für einen taschengeldtauglich günstigen Preis von fünfzig Cents, die größten Teile wie die Große Sturmhaube kosten dreißig Euro.

Ihr großer Stolz gilt der Muschelhauswand, so Gieseler, in der alle Muscheln dieser Welt verbaut sind – gefühlt jedenfalls, schließlich gibt es weltweit etwa 20.000 Muschelarten in Salz- und Süßwasser sowie über hunderttausend klassifizierte Schneckenarten, inklusive derer, die auch auf dem Lande leben. Aber was ist eigentlich der Unterschied zwischen Schnecken und Muscheln? Allgemein gilt, um es mit den Worten des ehemaligen österreichischen Paläontologen und Zoodirektors des Naturhistorischen Museums in Wien, Oliver Paget, zu erklären: „Wie oft ich doch darob erschrecke, was eine Muschel ist, was Schnecke, ist nach wie vor fast unbekannt. Doch leicht kennt man sie auseinand', wenn man genauer sie beschaut. Ein Schneckenhaus ist aufgebaut stets nur aus einem einz'gen Teil, die Muschel hat, selbst wenn sie heil, der Klappen zwei! Drum ist zumeist, ein Schneck', was man 'ne Muschel heißt. Das schmerzt den Zoologen sehr – die meisten leider weniger!"

Ein Wort zur Heerenhussiedlung, benannt nach dem Lageort des Vogthauses (Haus des Landesherren): Diese wurde ab 1939 als Wohnquartiere für Angestellte der Wehrmacht als Doppelhäuserreihe auf künstlich aufgeschütteten Sandhügeln erbaut. In der Zeit enstanden auch die Häuser in der Friesenstaße und der Straße Am Blumental.

elparadies

Standort: Heerenhusstraße 10 b
Denkmalgeschützte Siedlungen: Heerenhusstaße 1 – 20, Am Blumental 1 – 7, Friesenstraße 18 – 26

65 Die Salzwiesen

Hot Spot biologischer Vielfalt

Bei dem Begriff Salzwiesen denkt man an Küste, Deiche und friedlich grasende Schafe. Richtig! Als Salzwiesen (eingedeicht auch Heller, Polder oder Groden) werden Uferflächen bezeichnet, die als Übergang zwischen Land und Meer regelmäßig von Meerwasser überflutet werden. Darauf gedeihen krautige Pflanzen, welchen das salzige Wasser nichts anhaben kann, wie Queller, Andel, Strandflieder, Strandwermut, Salzmelde oder Schlickgras, ebenso uralte Heil- und Nutzpflanzen, zum Beispiel Augentrost bei Augenleiden, Leinkraut zum Käsen oder Steinklee als Tabakersatz – Älteren ist der Begriff „Bahndamm letzter Schnitt" noch bekannt. An der Nordseeküste erstrecken sich Salzwiesen auf rund 46.000 Hektar von der holländischen Insel Texel bis zur Bucht vor dem dänischen Ort Esbjerg. Auf die deutschen Küstengegenden entfallen 18.000 Hektar. In diesem speziellen salzigen Lebensraum tummeln sich, so schätzen Experten, bis zu 10.000 verschiedene Arten von Flora und Fauna, Tiere, Pflanzen und Pilze, und werden unter dem Begriff Salzpflanzenvegetation zusammengefasst. Allein in den Dünen und auf den Salzwiesen der Ostfriesischen Inseln, welche zusammen um die hundert Quadratkilometer umfassen, sind über 1.500 Pflanzen- und 8.000 Tierarten nachgewiesen; über 250 Pflanzen- und über tausend Tierarten davon stehen auf der Roten Liste gefährdeter Arten. Das alles heißt: Ein Viertel der gesamten deutschen Flora und ein Fünftel der deutschen Fauna sind auf nur 0,03 Prozent der Gesamtfläche Deutschlands zu finden. Beachtliche Zahlen und zu Recht wird daher, wenn von Salzwiesen die Rede ist, auch gern mal vom Hot Spot der biologischen Vielfalt gesprochen. Doch wie kommen Salzwiesen zustande?

Mit jeder Flut werden unzählige Schwebteilchen ins Watt geschwemmt. Bei Hochwasser ruht die Strömung für einen kurzen Moment, währenddessen sinken die mikroskopisch winzigen Teilchen ab und bilden nach und nach die so genannte Schlickschicht – jährlich wächst diese etwa um einen Zentimeter. Und irgendwann, wenn die Schicht eine entsprechende Höhe erreicht hat, siedelt sich als sogenannte Pionierpflanze zunächst der essbare und wohlschmeckende Queller an, der einem dünn verzweigten Kaktus vage ähnelt und als einzige Salzwiesenpflanze gilt, welche ohne Salz aus dem Meerwasser gar nicht lebensfähig und in den Niederlanden ebenso wie in England in jedem Supermarkt erhältlich ist. Queller kann roh oder kurz angebraten, beispielsweise als Beilage zu Fisch, prima gegessen werden.

Je weniger Überflutung wegen steigender Höhe stattfindet, desto eher fassen dann auch andere Pflanzenarten Fuß und mit der Zeit entsteht diese einzigartige Landschaft von immenser Vielfalt. 1986 als Nationalpark Wattenmeer definiert, sind die Gebiete der Salzwiesen seit 1992 als Biosphärenreservat ausgewiesen.

Standort: wattseitige Inselabschnitte

66 Die Bethel

Das Votivschiff eines gelähmten Seemanns

Ein kleines Sträßchen, der Caspar-Döring-Pad, führt um eines der ältesten Häuser auf der Insel – dereinst Wohnhaus eines Mannes, welcher als Seebär sein Glück versuchen wollte. Doch schon in jungen Jahren ereilte ihn ein schweres Schicksal – er fiel bei einem Schiffsunglück aus dem Mast. Wohl wurde Caspar Döring (1856 – 1930) gerettet, doch er blieb für den Rest seines Lebens gelähmt. Trotz allem galt: Es musste Geld verdient werden, damals gab es noch keine soziale Absicherung, wie wir sie heute kennen. Von seiner Schwester gepflegt, begann der gelähmte junge Mann damit, Schiffe zu schnitzen und an solvente Badegäste zu verkaufen. Eines dieser Schiffe ist die Bethel, die mit ihrer filigranen Takelage heute als sogenanntes Votivschiff in der evangelischen Inselkirche zu finden ist.
Votiv (lateinisch votum) leitet sich vom lateinischen Begriff „ex voto" ab und heißt ins Deutsche übersetzt: aufgrund eines Gelübdes. Menschen, die eine schwere Notlage überlebt haben, schenken ihren Kirchen oft sogenannte Votivgaben, wie Gegenstände, Tafeln und Bilder, als symbolische Opfer und dankbare Erinnerung an ihre Errettung. Auch gläubige Seeleute versprechen dem lieben Gott, so sie die Schiffskatastrophe denn überleben, ihm – oder besser gesagt ihrer dem Rettungsort nächstgelegenen Kirche oder ihrer Heimatkirche – alsbald eine Votivgabe zu spenden und, klar, unter Seeleuten üblich, ist das meist ein Schiff. Der Brauch ist eher in katholisch geprägten Gegenden bekannt – vor allem in Ländern wie Spanien, Italien und häufig auch in der Bretagne in Frankreich stoßen Sie in Kirchen allerorts auf teils sehr alte und reich verzierte Votivschiffe. Irgendwann tauchten auch in nördlicher gelegenen und eher protestantisch geprägten Gegenden Europas erste Votivschiffe auf, allerdings mehr als Präsent reicher Leute und ohne dramatische Rettungsgeschichte im Hintergrund (weswegen eigentlich streng genommen dann nicht von Votivschiffen die Rede sein dürfte).
An Deutschlands Nord- und Ostseeküsten sind heute noch um die fünfzig zu finden. Die Bethel wurde nach Fertigstellung 1893 von Gästen des damaligen Inselhospizes der Inselkirche gespendet. Ob echte Votivgabe (und Geldfluss als Lebenssicherung für eine gewisse Zeit) oder nicht – das Schiff ziert längst das Siegel der evangelischen Inselkirchengemeinde. Auf einer Silbermünze ist die Bethel, eingerahmt von einem Bibelzitat, ebenfalls verewigt, und erinnert damit an den jungen Caspar Döring, der einst zur See fahren wollte und stattdessen nur noch Schiffe schnitzen konnte.
Auch sehenswert und eine echte Votivgabe: Die Christusstatue des deutscher Bildhauers Fidelis Bentele an der Wand hinter dem Leuchter.

Standorte:
Inselkirche: Kirchstraße
Wohnhaus: gegenüber des Seemannshus' gelegen, Rudolph Eucken Weg 6

67 Geocaching auf Langeoog

Schnitzeljagd und Schatzsuche mit GPS-Sender

Geocaching, auch GPS-Schnitzeljagd genannt, ist eine Art elektronische Schatzsuche oder Schnitzeljagd. Ein Versteck wird in der Fachsprache Cache genannt und muss anhand geographischer Koordinaten, die im Internet veröffentlicht werden, gesucht und gefunden werden, und zwar mithilfe eines GPS-Empfängers (oder einer Karte). Meist sind die Caches kleinere wasserdichte Behälter, die ein Logbuch und manchmal auch kleinere Tauschgegenstände enthalten. Nach Eintrag ins Logbuch muss alles wieder an derselben Stelle versteckt werden. Weltweit existieren Millionen Caches, über 300.000 davon allein in Deutschland – der erste Cache hierzulande wurde am 2. Oktober 2000 südlich von Berlin versteckt und trägt den Namen First Germany. Auch auf Langeoog gibt es einen kleinen Cache, der irgendwo zwischen Wald und Hafen zu finden ist und sich Langeoog-Micro nennt: N 53° 43.989' E 007° 28.995'.

Für Unerfahrene indes und solche, die vielleicht nur in Sachen Geocaching mal etwas ausprobieren möchten, bietet das Sportteam der Insel seit einigen Jahren eine noch etwas andere Form des Cachings an: ein Bilder-Caching als Acht-Cachepunkte- Weg, der etwa drei Kilometer umfasst. Gedacht ist die Route sozusagen als kleiner Erkundungsspaziergang durch den Ortskern – vor allem für Kinder recht reizvoll. Dazu können maximal zehn GPS-Sender ausgeliehen werden, in denen die Route und die acht Punkte in Formen von selbsterklärenden Bildern, wie beispielsweise einer Sitzbank oder einem Eingangstor, eingespeichert sind. Sinn der Sache ist es, mit GPS-Hilfe die jeweiligen Punkte „in realo“ auf der Insel zu finden.

Ebenfalls für Geocacher sehr spannend: ein sogenannter Multi namens „Kleine Ente, flieg nach Langeoog!“. Dieser ist vor allem für Radfahrer gedacht, umfasst etwa dreißig Kilometer und führt in 24 Stationen über die gesamte Insel zu einem Final (letzte Station eines Multicaches) und damit zum Logbuch. Vor allem der Weg ist hier das Ziel. Die Aufgabe dabei besteht darin, Sehenswürdigkeiten kleineren Fotoausschnitten zuzuordnen, die vorweg als zweiteilige Kollage mit 24 Fotos im Computer eingesehen werden können und vorher unbedingt auswendig gelernt oder ausgedruckt werden. Oder jedenfalls unterwegs auf dem Handy präsent sein müssen – ohne klappt die Sache nämlich leider nicht. Weitere wichtige Infos, die Kollage, Zugang zu den Koordinaten, die Routen- und Stationsbeschreibungen und vieles mehr sind hier zu finden (unbedingt vorher lesen):
www.geocaching.com/geocache/GCV7R2_kleine-ente-flieg-nach-langeoog.
Happy caching, so lautet übrigens der Gruß unter den Geocachern!

Standorte GPS-Sender-Ausgabe für die Route des Sportteams:
Winter-Sporthus
Sommer-Sportpalast

68 Die Teestunde

Typisch ostfriesische Gemütlichkeit

„Toerst de Kluntje unnern drin, nu sgenk de heete Tee man in. Dann sall dat Knistern di beglücken, wenn't Kluntje fallt in Stücken. En Loepel Rahm noch – ist dat klar, kummt bald dat Wulkje wunnerbar, denn Sluck für Sluck de Tee probeern, man ja nich mit de Loepel röhrn! Un is de Teestünn denn vörbi, pust ut dat Lucht – dat ra ick Di!"

Wer auch immer VerfasserIn dieser plattdeutschen Anleitung gewesen sein mag, er oder sie gibt jedenfalls klar zu verstehen, wie ein Tee in Ostfriesland getrunken werden sollte. Die Teetied, die Teezeit, gehört schließlich zu Ostfriesland wie der Wasserturm zu Langeoog und gilt als fester Bestandteil regionaler Geselligkeit. Die Menschen dort mögen ihn einfach: Pro Kopf liegt der deutsche Durchschnitt in Sachen Teeverbrauch pro Jahr bei etwa zwölf Litern. Ostfriesen bringen es da schon eher auf 300 Liter und in Pfund ausgedrückt auf etwa sieben Kilo Teeblätter – sie liegen damit noch weit vor den Engländern. Woran liegt's? Am ständig schlechten Wetter? Oder weil sie bereits schon im 17. Jahrhundert in den Genuss von Tee kamen? Wer weiß es schon so genau. Fakt ist, lange wurde Tee nur als Arznei konsumiert, auch wenn der Teehandel an der Nordseeküste damals schon rege im Gange war. Bald indes wurde aus Medizin echter Genuss und Tee zu jeder Gelegenheit getrunken, bald gehörte es zur Höflichkeit, Gästen frisch aufgebrühten Tee aus feinen Porzellantässchen, den Koppkes, anzubieten. Heute ist der typische Ostfriesentee eine spezielle Teemischung aus über zwanzig Schwarzteesorten, vor allem indischem Assam, und nur was in Ostfriesland gemischt wurde, gilt auch wirklich als echter Ostfriesentee. Die Zubereitung ist zudem wichtig: Zunächst wird die Kanne mit kochendem Wasser ausgespült – Puristen nehmen dafür übrigens nur und ausschließlich Regenwasser. Dann kommen die Teeblätter direkt in die Kanne – ein Teelöffel pro Tasse und ein weiterer „für die Kanne". Nun muss diese mit so viel sprudelnd kochendem Wasser aufgefüllt werden, dass die Teeblätter gut bedeckt sind. Sie sollten bis zu fünf Minuten ziehen. Die Kanne wird dann nur noch mit dem restlichen kochenden Wasser gefüllt und der fertig bereitete Tee durch ein Sieb in eine andere Kanne oder direkt in Tässchen eingegossen. Ostfriesische Teegemütlichkeit mit starkem Schwarztee – mindestens drei Tassen, weniger gilt als unhöflich bis beleidigend – knisternde Kluntje (muss in die Tasse gelegt werden, bevor Tee eingefüllt wird), Sahne (mit dem Schöpflöffelchen dazugeben, damit diese eine „Blume" zeichnen kann, daher niemals umrühren!), findet sich allerorts in Cafés oder eigens deklarierten Teestübchen auf der Insel. Doch wer auch zu Hause seinen Ostfriesentee in feinen Koppkes genießen möchte, dem sei der der örtliche Teehandel ans Herz gelegt. Hier gibt es feines Porzellan, alles rund um den Tee und natürlich den Tee selbst – direkt vor Ort gemischt, verkostet, teils aromatisiert und abgefüllt.

Standort Teehandel: Barkhausenstraße 9

69 Trauringe schmieden auf der Insel

Die Goldschmiedewerkstatt Schmucklust

Ringe kaufen geht einfach, Ringe schmieden auch! Man muss nur wissen wie es geht. Doch die Krönung aller Goldschmiedekunst ist das Fertigen der eigenen Eheringe, eine Idee, die immer mehr Paare vor einer geplanten Trauung nutzen. Gold oder Platin, viel Liebe und die Hoffnung auf ein lebenslanges Eheglück sind die Zutaten, die vielleicht nicht unbedingt alle vonnöten sind, um sich seine Eheringe selbst zu schmieden, doch hilfreich sind sie ebenso wie eine solide Anleitung dazu. Die bekommen willige Paare im Goldschmiedeatelier Schmucklust von Susanne Agena. Das geht ohne jegliche Vorkenntnisse? Ja! Unter Anleitung von erfahrenen KursleiterInnen entstehen in kleinen Kursgruppen die Ringe fürs Leben und natürlich schmiedet sie für ihn und umgekehrt – füreinander selbstgeschmiedete Ringe sind schließlich einzigartige und sehr individuelle Symbole der Verbundenheit. Jeder kann dabei Wünsche einbringen und da es geht bereits mit Material und Form los: uni oder bicolor, außen gewölbt und innen gewölbt, außen gewölbt und innen glatt, oder außen glatt und innen gewölbt. Mit oder ohne Stein. Alles ist möglich, und bis die Ringe als solche erkennbar sind, ist natürlich einiges zu tun. Zunächst muss der ausgewählte Draht in eine Art Streckbank einspannt werden, bis er die richtigen Maße hat. Danach geht's ans Sägen. Dann muss der Draht passend für jeden Finger individuell gekürzt werden. Es folgen die Schritte Glattfeilen, Zusammenlöten, Hämmern, Reinigen und Polieren. Dann sind die Ringe fertig. Soll noch ein Schmuckstein eingearbeitet oder graviert werden, muss jedoch noch weiter gearbeitet werden.

Egal wie, die Betreiberin des Ateliers und ihre MitarbeiterInnen garantieren ein perfektes Ergebnis. Das bezeugen auch Alben, die in den professionell ausgestatteten Werkstatträumen ausliegen und beredtes Zeugnis jener Paare abgeben, die ein Seminar solcher Art bereits mit zufriedenstellendem, selbstgearbeitetem Schmuck absolviert haben. Glücklich strahlende Gesichter also, blitzende Geschmeide an den Fingern … und wär es der Freude nicht schon genug, erhält jedes neu geborene Kind der Paare, die ihre Ringe im Langeooger Atelier geschmiedet haben, als kleines Schmankerl zur Geburt ein persönliches Geschenk.

Seit 2000 bietet die Inhaberin, gebürtige Festländerin und ausgebildete Goldschmiedemeisterin, Kurse in dieser alten Handwerkstradition ganzjährig auf der Insel an – nicht nur für Paare. Auch Einzelpersonen sind, ebenso wie Kinder und Jugendliche, herzlich willkommen. Zudem können auch Bernstein-Seminare belegt werden.

Susanne Agena kam übrigens einst der Liebe wegen nach Langeoog.

Standort: Barkhausenstraße 34

70 Auf Hochseeangeltour

Petri Heil und Petri Dank

Die einen lieben das Angeln an ruhigen Teichen oder munteren Flussläufen, andere bevorzugen die Küsten- oder Brandungsfischerei. Und wieder andere mögen vor allem die Weite des Meeres, um ihr Glück als Petrijünger zu versuchen. Maritimes Vergnügen kann dies auch für Menschen bedeuten, welche die Faszination des Hochseeangelns noch nicht kennengelernt haben und sich einmal dabei erproben wollen. Ohne Frage steht dabei stets der Respekt vor der Natur im Vordergrund, aber unter kundiger Aufsicht mal einen richtig großen Fisch an Land (oder in dem Fall ins Boot) ziehen – das sind große Herzschlagmomente spannendster Art.
Mit einem für die „Kleine Hochseefischerei" geeigneten Schiff, die im Ärmelkanal, in Nord- und Ostsee betrieben wird (im Gegensatz zur „Großen Hochseefischerei" außerhalb der Grenzen der „Kleinen Hochsee"- und Küstenfischerei), geht es dabei ganz entspannt hinaus aufs offene Gewässer. Dabei spinnen die erfahrenen Fischersleut' gern etwas Seemannsgarn (Erzählungen über – angeblich – erlebte Situationen), um ihre Gäste an Bord gut zu unterhalten. Allerlei Geschichten über böse Seeungeheuer, die in Sekundenschnelle schon ganze Schiffe in den Untergang zwangen, gehören ebenso dazu wie über den berühmten Klabautermann, den Schiffsgeist, der bekanntlich unsichtbar, die Mannschaft und den Kapitän bei Gefahren warnt. In früheren Zeiten wurde für ihn stets ein Gedeck bei Tisch aufgelegt, sicherheitshalber, ihn musste man sich ja freundlich erhalten.
Und was tummelt sich in den Tiefen? Am ehesten werden Sie Makrele angeln. Diese gilt mit ihrem saftigen Fleisch als guter Speisefisch, der für allerlei Zubereitungsarten von Dünsten bis Räuchern gleichermaßen gut geeignet ist. Auch Dorsch, unter der Bezeichnung Kabeljau bekannt, ist dabei – er zählt zu den wichtigsten Speisefischen rund um den Globus. Für Stockfisch, Fischstäbchen und Fish and Chips, muss es, wenn es authentisch sein soll, ebenfalls Kabeljau (englisch: cod) sein. Mit viel Glück angeln Sie auch mal eine Flunder oder einen Knurrhahn.
„Petri Heil!", grüßen sich Angler in Anlehnung an den biblischen Fischer Petrus und seine Fangerfolge, wie bei den Evangelisten Lukas und Johannes im Neuen Testament beschrieben. Im Fall eines Angelerfolges antworten Sie standesgemäß mit „Petri Dank". Wem die Sache mit dem Hochseeangeln irgendwie zu aufregend erscheint, kann sich mit festem Boden unter den Füßen auch im Hafen oder am Angelteich (mit Gastkarte) versuchen – die Ausrüstung dafür gibt es auch. Oder wie wär's mit passender Lektüre? „Der alte Mann und das Meer" von Hemingway sei hier empfohlen. Darin beschreibt dieser, wie der Fischer Santiago einen riesigen Speerfisch am Haken hat und in einem viertägigen Kampf auf See diesen schließlich völlig erschöpft nach Hause bringt – tot und von Haien skelettiert ...

Infos zu Hochseeangeltouren: Fischgeschäft Klette, An den Bauhöfen 2
Anglerbedarf / Gastkarte: Fahrradhaus Bollenberg, Gartenstraße 2

71 Die Thalasso-Therapiewege

Heilung am Meer

Bis vor wenigen Jahren konnte mit dem Begriff Thalasso kaum jemand, so er nicht des Altgriechischen mächtig war, etwas anfangen, geschweige denn wusste jemand wirklich, was dahintersteckt. Man fuhr in den Ferien an die See, begnügte sich mit der guten Luft, hoffte auf einige Tage schönes Wetter und genoss die Sonne, den Strand und die rauschende Brandung. Wer indes ernsthaft erkrankt war und zur Genesung ans Meer kam, machte eine noch vor hundert Jahren allseits beliebte Vomitivreise (Brechkur zu Schiff), bekam Meerwasserbäder und Schlickpackungen verordnet, musste regelmäßig das Inhalatorium aufsuchen, stundenlang am Wasser spazierengehen oder wurde mit Sandabreibungen oder Salztabletten behandelt – zugegeben scheint uns letzteres Therapeutikum heutzutage recht fragwürdig und ist längst aus den maritimen Behandlungsplänen gestrichen. Ansonsten hat sich kaum etwas geändert, doch heute gibt es eben Thalassoanwendungen – was auch nichts anderes bedeutet.

Der Begriff leitet sich vom altgriechischen Wort θάλασσα, thálassa, ab, was übersetzt einfach Meer heißt. Erfunden wurde die Sache auch nicht in neuerer Zeit, sondern war bereits 1750 Gegenstand der Doktorarbeit des englischen Arztes Richard Russell, der darin die therapeutische Wirkung von Meerwasser bei Infektionskrankheiten beschrieb, und nicht umsonst wurden in jener Zeit auch in England die ersten Seebäder gegründet. Nach Ende des Zweiten Weltkrieges hatten die Menschen in Europa weiß Gott andere Probleme – „Thalasso" geriet an den Küsten erst mal in den Hintergrund. Erst nach Jahrzehnten rückte es wieder in den Fokus der Heilsuchenden – denn noch immer ist der Aufenthalt am Meer eine höchst probate Methode, um vielerlei Gebrechen wie etwa Rheuma, zu lindern oder Schilddrüsenprobleme, Darmbeschwerden, Hautleiden, Erschöpfung und Atemwegserkrankungen zu behandeln. Thalasso bedeutet heute: Es muss ein heiltherapeutisches Konzept vorliegen und ärztliche Betreuung angeboten werden. Die Stätte muss direkt am Meer liegen. Die Behandlung erfolgt mittels Meerwasser, Meeresprodukten, Sonnenstrahlung (notfalls auch künstlicher Art) und Seeluft in verschiedenen Wirkreizstufen sowie weiteren Maßnahmen, wie zum Beispiel Entspannungsübungen.

Langeoog, 2014 als Thalasso-Nordseeheilbad zertifiziert, bietet neben einer Vielzahl von attraktiven Wellness- und Kurangeboten und einem Lauftreff, vier, teils barrierefreie Thalasso-Therapiewege verschieden starker Wirkreizstufe an – der Aufenthalt im Freien gilt ja schließlich noch immer als wichtigste Voraussetzung für den Therapieerfolg! Die Wege (streng genommen der gute, alte Spaziergang) führen, mit entsprechenden Hinweistafeln versehen, rund um den Wasserturm, durchs Inseldorf, um den Badestrand und am Strand entlang zur Melkhörndüne. Gesundheit!

Weitere Infos: www.langeoog.de/files/Thalasso-Kurwege-Deckblatt.pdf
Lauftreff: TSV-Heim, Flughafenstraße 3, mittwochs und freitags 15:00 Uhr

72 Die trauernde Mutter

Mahnmal gegen das Vergessen

Der Dünenfriedhof auf Langeoog hat für die Völkerverständigung im 21. Jahrhundert eine besondere Bedeutung, schließlich sind hier mehrere Gedenkstätten (siehe auch Kapitel 28) auf nur wenigen Quadratmetern vereint. Ein besonderes Zeichen setzt dabei die Skulptur „Trauernde Mutter“, 2010 feierlich enthüllt.

Die weiße Statue stellt eine kauernde menschliche Figur dar, unter Tuch verhüllt und in Ketten gefesselt, und steht für alle Mütter, die ihre Kinder durch Gewaltherrschaft verloren haben. Sie stammt von dem Künstler Professor Sigurd Blümcke, unter anderem ehemals Chefarzt und Institutsdirektor der Pathologie des Berliner Universitätsklinikums, der als junger Mann (Jg. 1932) und Oberschüler in Werder an der Havel bei Potsdam den Weg in den aktiven Widerstand gegen das DDR-Regime ging. Er protestierte wie etwa fünfzig weitere gleichgesinnte Jugendliche und junge Erwachsene gegen die Teilung Deutschlands, Wiederaufrüstung und die Volkskammerwahl 1950. Er wurde verhaftet, musste Folter und harte Strafen ertragen und saß monatelang hinter Gittern. Durch die Hilfe zweier Freunde schaffte Blümcke es aus den Klauen der SED-Schergen und flüchtete gen Westen. Anderen Beteiligten war dieses Glück nicht vergönnt, sie wurden als Saboteure und Verräter von sowjetischen Militärtribunalen zu jahrelangen Zuchthausstrafen verurteilt oder in Moskau hingerichtet. Seit 2008 erinnert auf dem Alten Friedhof in Werder eine Gedenkstätte mit acht Tafeln und ebenfalls einer „Trauernden Mutter“ aus Blümckes Werkstatt an den sogenannten „Werderaner Widerstand“ und die damals ermordeten Jugendlichen und jungen Erwachsenen. Die Statue spiegelt nach Bekunden des Künstlers die ängstlichen Gedanken seiner eigenen Mutter wider, die in der Zeit seiner Inhaftierung, von der niemand wissen durfte, ständig um ihn bangte und sich fragte, ob er möglicherweise nach Sibirien verschleppt worden sei oder vielleicht schon gar nicht mehr lebte. Später habe sie ihm erklärt, sich seinerzeit wie unter einem Schleier verhüllt und in Ketten gelegt gefühlt zu haben. Nach seiner Haftentlassung setzte Blümcke die beschriebenen Gefühle in Form einer kleinen Handfigur aus Gips als Geschenk für seine Mutter um. Später fertigte mit der Handfigur als Vorbild die beiden großen Figuren an, welche heute in Werder und auf dem Dünenfriedhof auf Langeoog stehen – als Mahnmal gegen das Vergessen – abermillionen Mütter weltweit haben in unzähligen Kriegen ihre Söhne verloren und erfuhren nur selten oder sehr viel später, wo und wie sie starben.

„Wir müssen dafür streiten“, mahnte der Seniorkonsul des Hamburger Generalkonsulats der Russischen Föderation, Alexander Stankevich, bei der Enthüllung, „dass nie wieder Kinder durch Krieg vor ihren Müttern sterben.“

Standort: Dünenfriedhof, Gerk sin Spoor

73 Auf Kreuzfahrt

Unterwegs mit dem Kapitän

Ein Kreuzfahrtschiff muss nicht immer Aida heißen und auch nicht gleich um den halben Globus führen, manchmal genügt ein einfacheres Schiff und es darf auch mal eine kurze Strecke durch nähere Gefilde sein. Zu sehen gibt es dabei ebenfalls genug, wie beispielsweise bei einer Minikreuzfahrt durch die „südliche Nordsee", welche von Langeoog aus (oder Bensersiel) startet und zunächst durchs Wattenmeer hinaus auf die Nordsee Richtung Baltrum führt, das 1876 zum Seebad erklärt wurde und auch gerne als das „Dornröschen der Nordsee" bezeichnet wird. An einigen Strandabschnitten der sowohl nach Fläche (sechseinhalb Quadratkilometer) als auch nach Einwohnern (um die 500) gerechneten, kleinsten aller dauerhaft bewohnten ostfriesischen Inseln sind die Reste des denkmalgeschützten historischen Pfahlschutzwerks zu sehen, eines Wellenbrechers, der als rund 300 Meter lange Holzkonstruktion zeitweise den Westkopf der Insel umspannt und gesichert hatte. Leider hatte sich ein Schutzbau dieser Art – wie auch auf anderen ostfriesischen Inseln – auf Dauer nicht bewährt und musste später durch eine massive Betonkonstruktion ersetzt werden.
Weiter geht die Fahrt nach Norderney. Mit etwas Glück sind dabei die Seehunde zu beobachten, die oft zu Hunderten ihr Sonnenbad genießen. Zu entdecken ist dort auch das fast völlig versandete Schiffswrack des 1967 im Sturm gestrandeten Muschelsaugers „Pionier". Es geriet bei der Havarie eines anderen Schiffes, welches auf der Othello-Plate (Sandbank im Osten vor Norderney) auf Sand lief, als es diesem zur Hilfe eilte, selbst auf Sand und erinnert seitdem als „rostige Zeitmarke" an das Unglück.
Mit den Schiffen der Flotte regelt die Inselgemeinde nicht nur den normalen Linienverkehr (M. S. Langeoog III + IV), sondern bietet mit ihren beiden Ausflugsschiffen M. S. Langeoog I + II ebenso wie die M. S. Flinthörn der Reederei Damwerth ein großes Spektrum an Erkundungsmöglichkeiten jedweder Art auf dem Wasser an. Ob zu anderen ostfriesischen Inseln wie Juist oder Wangerooge, bis Helgoland oder zum historischen Hafen am Festland Dorumersiel, es ist für jeden etwas dabei. Themenbezogene Ausflugsfahrten, wie beispielsweise „Expedition ins Weltnaturerbe", Abendfahrt mit dem Shantychor, „Luna romantica" – die Wattfahrt bei Nacht, Fahrt zu den Seehundsbänken, Meerjungfrauen- und Piratenfahrten oder die fachkundig und kindgerechte Fahrt „Schule goes Wattenmeer! – Das schwimmende Klassenzimmer", sollen Klein und Groß gleichermaßen ansprechen und laden zu vielen Erkundungen ein. Zudem können Schiffe auch für private Feiern gechartert werden.
Welch' ein Weg von 1867 und der einfachen Schaluppe, die damals gerade nur wöchentlich einmal das Eiland ansteuerte, bis heute! Schiff ahoi!

Weitere Infos:
www.schiffahrt-langeoog.de
www.ms-flinthoern.de

74 Vom Dörpfest und anderen Insel-Highlights

Langeoog feiert

Unbestritten ist das Dörpfest seit vielen Jahren im Sommer einer der großen Höhepunkte auf Langeoog. Seine Geburtsstunde datiert ins Jahr 1980, als die Insel 150-jähriges Jubiläum als Nordseebad feierte und seitdem heißt das Motto: Insulaner für Gäste. Dazu leisten vielerlei bunte Stände (nur ortsansässige Anbieter – Ausnahme ist das Kinderkarussell) von Tangotanzen und Taschenmalen bis Tombola ihren Beitrag, ebenso die ortsansässigen Musikbegeisterten, die allesamt großartige Musik machen und diese dem begeisterten Publikum gerne präsentieren. Eine Vielzahl an kulinarischen Leckereien ist ebenfalls im Angebot, besonders begehrt neben Fisch aller Art, Spießbraten, Waffeln oder Pommes: Die eckige Moorwurst aus dem ostfriesischen Ort Wiesmoor, welche es ansonsten nicht zu kaufen gibt, sondern die nur auf Märkten zu genießen ist. Kult auf dem Dörpfest ist zudem der süffig-goldene Cocktail „Eisberg" vom legendären Café Leiß (siehe auch Kapitel 95) und einst von der Medizinerin (und Ehefrau des damaligen Inhabers) Gerta Leiß Petitjean in den Siebzigerjahren in einer Illustrierten entdeckt. Die Rezeptur ist bis heute ein großes Geheimnis, so viel sei hier aber verraten: Angeblich ist ein Bestandteil Danziger Goldwasser, doch in jedem Fall gehören Kirschen und Sekt hinein.
Der Wintermarkt verzaubert Langeoog, besonders wenn es dämmert und gar Schnee liegt, für einige Tage vor Weihnachten über die Zeit zwischen den Jahren bis Anfang Januar in ein kleines Inselmärchen von besonderem Liebreiz. Dann gibt es Glühwein, Grog, Crèpe und weitere Köstlichkeiten, dann ist Zeit zum Bummeln, für schöne Begegnungen und Gespräche in frischer, kalter Nordseeluft!
Beim Maibaumaufstellen indes – nicht nur in Bayern, sondern sehr wohl auch in Ostfriesland von langer Tradition geprägt – ist es meist schon warm. Dazu strömen seit Jahr und Tag Tausende Richtung Feuerwehrschuppen, um sich dort dem Umzug anzuschließen, der, begleitet von den Langeooger Reitern und der Bläsergruppe „Lütt & Groot", gen Festplatz beim Flughafen zieht, um den von ansässigen Sport- oder Gesangsvereinen geschmückten Maibaum aufzustellen. Es folgt das Maisingen, beginnend mit dem Lied „Der Mai ist gekommen" und endet am frühen Morgen des ersten Maitages, wenn alle nach dem Tanz ermüdet und erschöpft ins Bett fallen …
Das große Gurkenfest, welches jährlich im Sommer mit viel Remmidemmi bei den Schrebergärten steigt, ist des Insulaners liebstes Kind, denn, so ein Insider, „hier findet der Insulaner noch Ruhe und Erholung." Dann wird – mit musikalischer und kulinarischer Begleitung abgerundet – aus eigener Ernte frisches Gemüse und Obst zum Kauf angeboten. Besondere Highlights: der Schmorgurkentopf – stets schnell ausverkauft – und der Kletterbaum, auf dem sich Kinder Preise „erklettern" können.

Standorte:
Dörpfest: gesamte Insel
Wintermarkt: vor Café Leiß, Barkhausenstraße 13
Maibaum: Umzugsbeginn Rettungsspoor, Festplatz Hafenstraße
Gurkenfest: Schrebergärten Straße Am Wald

75 Fußball auf Langeoog

Training von Profis und trainieren wie Profis

„Der Ball ist rund, und ein Spiel dauert neunzig Minuten“, fast jeder kennt wohl das Bonmot der Mannheimer Fußballlegende Sepp Herberger. Was er da einst sagte, verstehen in der Regel sogar auch Menschen, die von Fußball keine Ahnung haben, aber dann wird es schon schwieriger – die Abseitsregel beispielsweise, welche Franz Beckerbauer mal so erklärte: Abseits ist, wenn der Schiedsrichter pfeift. Okay, alles klar …

Doch Gott sei Dank – es gibt die deutschen Profis, welche alljährlich nach Langeoog kommen – sehr zur Freude der Insulaner und der Gäste. Die Spieler zeigen, wie's geht. Eine Mannschaft, vierzig Mann mit allem Drum und Dran, acht bis zehn Tage lang – und das bereits seit Mitte der Fünfzigerjahre! Und dann heißt es täglich Grundlagen- und Lauftraining am Strand absolvieren, Taktikeinheiten üben, also kurzum: fit werden für die nächste Bundesliga-Saison, gerne unter strenger Beobachtung der stets sehr interessierten Zuschauerschar. Und sie waren schon fast alle da, die Spieler vom 1. FC Köln ebenso wie von Fortuna Düsseldorf und dem SC Freiburg bis hin zum den Hoffenheimern. Höhepunkt in jedem Jahr sind die längst zur Legende gewordenen Trainingsspiele der jeweils gerade gastierenden Mannschaft gegen die Insulaner vom TSV Langeoog. Da kamen früher schon mal dreitausend Fans zusammen, mittlerweile sind es etwas weniger geworden, doch das Spiel ist ein Muss für alle gerade auf der Insel Anwesenden!

Wer Profi werden möchte, muss früh anfangen, wie beispielsweise die Absolventen der Langeooger Fußballschule, Sechs- bis Vierzehnjährige beiderlei Geschlechts, die von der Pike auf in mehrtägigen Ferien-Trainingscamps das „Finten, Flanken und magische Zaubertore schießen lernen können“, so ist es im Internet nachzulesen. Die Idee dazu entstand in den Neunzigern und geht unter anderem auf den Ex-Profi Thomas Seeliger, einst Spieler beim HSV, SC Freiburg und St. Pauli (86 Bundesligaspiele, 10 Tore), zurück. Viel Spaß am Kicken und ein bisschen wie die Profis bei Ex-Profis trainieren, das steckte ursprünglich dahinter. Mittlerweile sind lizenzierte Trainer am Ball, um den Youngsters zu zeigen, dass das „Tor in der Mitte steht“ und es beim Fußball eben doch immer um das Eine geht und es „nur eine Möglichkeit gibt: Sieg, Unentschieden oder Niederlage!“, ebenfalls ein Franz-Beckenbauer-Zitat.

Und falls es noch zu lange dauert bis zum nächsten Langeoog-Urlaub, das Camp schon ausgebucht ist oder der „Blanke Hans“ das Spielen einfach ungemein erschwert – wie wär's mal mit einem Buch? Der Band von Rainer Moritz wäre passend: „Der ganz große Traum … oder wie der Lehrer Konrad Koch den Fußball nach Deutschland brachte“. Oder Daniel Brühl in dem gleichnamigen und mehrfach nominierten Spielfilm angucken! Auch wenn die Geschichte von der wahren Biografie Kochs etwas abweicht – absolut sehenswert!

Langeoog

Weitere Infos: www.fussballschule-langeoog.de

76 Jona im Fischbauch

Kunst von Gefangenen

Von der biblischen Erzählung im Zwölfprophetenbuch des Alten Testaments über Jona im Fischbauch, hat fast jede/r schon mal etwas gehört. Sie beginnt damit, dass der Prophet Jona von Gott beauftragt wird, zur Stadt Ninive, die heute im Irak liegt, zu gehen. Er soll den Bewohnern der Stadt, die wegen ihres boshaften Verhaltens Gottes Zorn auf sich gezogen haben, dessen Strafgericht, das die Stadt in vierzig Tagen zerstören würde, ankündigen. Jona geht wie geheißen los – allerdings nicht nach Ninive, sondern, um dem Auftrag zu entkommen, nach Jaffa. Dort besteigt er ein Schiff Richtung Tarsis, was nach heutigen Kenntnissen einst in Spanien lag. Doch Gott sieht bekanntlich alles und entfacht, ob Jonas Ungehorsam, einen gewaltigen Sturm. Das Schiff gerät in Seenot. Nun muss Jona seine Untat bekennen und wird dafür ins Meer geworfen. Der Sturm legt sich, die restliche Besatzung kommt unversehrt am Festland an. Jona indes wird von einem großen Fisch, der meist als Walfisch dargestellt wird, verschlungen. Er betet drei Tage und Nächte lang um sein Leben, dann wird er zurück an Land gespien – um denselben Auftrag erneut auferlegt zu bekommen. Diesmal kneift er nicht. Seine Ankündigung in Ninive bekehrt sämtliche Einwohner der Stadt und führt dazu, dass Gott diese sämtlich begnadigt.

Noch heute steht die Erzählung für die Sehnsucht des Menschen nach Leben und Freiheit, für Umkehr, Erkenntnis und Hinwendung zum Besseren. Künstler vieler Epochen und Genres haben sich des Themas immer wieder angenommen – auch die Gefangenen der Bildhauerwerkstatt der JVA Bremen, welche sich bereits mehrfach im Rahmen des Projektes „Mauern öffnen e.V.“ der Bremischen Evangelischen Kirche an derlei kreative Aufgaben herangewagt haben. Dazu waren Inhaftierte direkt vor Ort und haben an der Skulptur „Jona und die anderen“, welche seit 2007 im Vorgarten des Hauses Meedland (Meed = Mähland), einem Freizeit- und Tagungszentrum auf Langeoog und der Bremischen Kirche zugehörig, zu sehen ist, gearbeitet.

Bereits 1978 und getragen von ersten vorsichtigen Denkanstößen in Sachen Resozialisierung, entstanden anlässlich eines Wettbewerbs Kunstobjekte für den Grüngürtel vor der JVA Oslebshausen, heute JVA Bremen. Dabei sollte das „Wesentliche im Menschen“ angesprochen und dem einzelnen Individuum mehr Ausdrucksraum gegeben werden. In der Folgezeit entwickelte sich unter professioneller Anleitung „Kunst von Gefangenen“. Ebenfalls aus der Bremer Bildhauerwerksatt stammend und auf Langeoog zu sehen ist die Arbeit „Todesursache: allgemeine Körperschwäche“, eine Stein-Installation, welche an die Vergangenheit des Areals als sowjetisches Kriegsgefangenenlager während des Zweiten Weltkrieges (siehe auch Kapitel 51) erinnert.

Standort: öffentlicher Raum des Freizeit- und Tagungszentrums Haus Meedland, Gartenstraße 3

77 Der Brötchenstall und mehr

Alles Bio oder was?

Manch' eine/r hält sich in Ställen Viehzeugs, wie Meerschweinchen, Hamster oder Hasen. Bei anderen sind es Brötchen. Brötchen? Ja. Beim Biobäcker auf der Insel. Sie wollen es nicht glauben? Überzeugen Sie sich selbst: Vor dem Geschäft finden Sie den Brötchenstall, die „Bewohner“ namens Flinthörn, Kürbiskern, Langeooger oder Seefahrer werden darin nach den Buchstaben des Alphabets geordnet, denn in den Brötchenstall wandert alles, was von Mensch an Gebackenem vorbestellt ist und anderntags von selbigem abgeholt wird. So einfach ist das – und so wenig selbstverständlich, in einer Zeit, in der Vertrauen schon fast zu einem Fremdwort mutiert ist. Doch auf Langeoog funktioniert noch so manches, was am Festland nicht mehr zum Alltag zählt. Egal ob es dabei um um georderte Sprudelkisten, die einfach von Gästen bestellt, vor den jeweiligen Häusern abgestellt werden und später, nach Genuss, erst bezahlt werden müssen, oder eben um die Brötchen im Stall handelt, Vertrauen auf Gegenseitigkeit funktioniert hier – meistens jedenfalls. Vielleicht würden die Fahrradverleiher an dieser Stelle gern von anderen Gepflogenheiten berichten …
Zum Brötchenstall gehört ein entsprechender Background und der heißt „Seekrug Bio Bäckerei & Konditorei Langeoog“ und ist wirklich zu hundert Prozent Bio. Hier schwingt Konditormeister Hubert „Hupsi“ Recktenwald mit seinem Team das Backblech – das Ergebnis seiner Bäckerkunst und -lust sind legendär leckere Brote, Kuchen, Kekse und noch vieles mehr. Zum Recktenwaldschen Gesamtgefüge zählen auch Bio-Hotel (Ökostrom, Papier aus Recycling oder zumindest nachhaltiger Waldwirtschaft, zertifizierte Reinigungs- und Naturkosmetikprodukte), Bio-Kiosk und Bio-Panorama-Restaurant sowie eine kostenlose prachtvolle Aussicht aus demselben zur Nordsee und über die gesamte Insel. Hier wird authentische Küche mit regionalen und saisonalen Produkten angeboten – die Familie hat sich schon vor Jahren in Sachen Nachhaltigkeit hervorgetan und hält diesen Kurs konsequent ein. Das Restaurant gilt bislang als einziges bio-zertifiziertes Restaurant auf den ostfriesischen Inseln, mehr als achtzig Prozent der bezogenen Ware kommt in Bio-Qualität (DE-ÖKO-006) ins Haus. Fleisch, Wurst und Ähnliches stammt von Inselvieh (siehe auch Kapitel 31), Käse von ostfriesischen Landhöfen, Fisch vom Kutter, und aus den wilden Blüten und Früchten der Gegend werden in der hauseigenen Genussmanufaktur Konfitüren, Liköre, Senf und vieles mehr hergestellt. Geheimtipp auf der Speisekarte: Die Senfonie-Happen mit „von allem was“.

Standorte:
Bäckerei: Gartenstraße 14
Dünenhotel Strandeck: Kavalierpad 2
Restaurant: Höhenpromenade 1

78 Als Junior Ranger Langeoog entdecken

Junge Vorbilder in Sachen Natur und Umwelt

Junior Ranger gibt es in Deutschland mittlerweile von der Küste bis zu den Alpen. Sie sind in den Nationalen Naturlandschaften (NNL) zu finden – im Nationalpark und Biosphärenreservat Niedersächsisches Wattenmeer beispielsweise wurden bislang allein über dreihundert Junior Ranger ausgebildet. Doch was machen diese überhaupt? Und was zeichnet einen Junior Ranger aus, egal ob als Bewohner oder Besucher einer Gegend, und was verbindet sie alle zusammen?
Ganz einfach: Junior Ranger sind in Sachen Natur- und Umweltschutz Vorbilder, sowohl in der Öffentlichkeit als auch in ihrem sozialen Umfeld. Sie haben Spaß und Interesse an und in der Natur. Sie wollen sich für diese einsetzen, aktive Schutzarbeit leisten und erwerben sich daher gute regionale Kenntnisse und Wissen zu Umwelt- und Naturschutzproblemen und teils sogar zu laufenden Forschungsprojekten, zur Artenvielfalt von Flora und Fauna der jeweiligen Gegend, kennen regionaltypische Wahrzeichen und geografische Besonderheiten. Sie zeigen Bereitschaft zu Rücksichtnahme und umweltschonendem (Konsum)verhalten (z. B. bei Energieverbrauch, Verpackungsmüll, geschützten Arealen) und sind willens, wichtige Regeln einzuhalten. Zudem wollen sie ihr erworbenes Wissen weitergeben. Dabei arbeiten alle in einem deutschlandweiten Junior-Ranger-Netzwerk zusammen. Und wie wird man Junior Ranger? Auch ganz einfach: Man muss mindestens neun Jahre alt sein und einen Wohnsitz in der jeweiligen Region haben. Ist man Gast in der Gegend, kann man ein Entdeckerheft bearbeiten (Infos dazu bei den Verwaltungen der Nationalparks). InteressentInnen sollten dann zunächst das Natur-Erlebnis-Abzeichen ablegen und dabei möglichst viele Stempel sammeln, dann ist bald die Meldung als Junior-Ranger-Anwärter möglich. Diese bekommen dann ein Logbuch ausgehändigt und müssen es pflegen – das heißt, an mindestens zehn Aktionen teilnehmen und im Logbuch alles detailliert festhalten. Erst dann ist es möglich, sich offiziell als Junior Ranger auszeichnen zu lassen. Das Gesamtkonzept sieht vor, Kindern und Jugendlichen auf verschiedenen Ebenen den Zugang zur Natur, ihrer Schönheit und ihrem Schutz zu ermöglichen. Dazu wurden vier Programme entwickelt: Junior-Ranger-Region ist für Kinder und Jugendliche, welche in den jeweiligen Einzugsgebieten der nationalen Naturlandschaften leben, Junior Ranger auf Entdeckertour wurde speziell für den Tourismus- und Freizeitbereich konzipiert, Junior-Ranger-Schule für den Einsatz in Schulen, Junior-Ranger-Web ist im Internet zu finden.
Auf Langeoog heißt es also: auf ins Watt, an die Dünen und zum Strand! Hier können Kinder viel lernen – von den Gezeiten bis zu seltenen Pflanzen, vom Brutverhalten der Zugvögel bis zum Alltag eines Wattwurms!

Weitere Infos:
www.junior-ranger.de
www.juniorranger-nds-wattenmeer.de
www.naturerlebnis-langeoog.de

79 Struckbessensmieten und Grünkohlessen

Traditionen lassen grüßen

Das eine gehört zur uralten Tradition der Ostfriesen, das andere ist trotz südeuropäischer Herkunft längst zu einer geworden – und beides gehört zur Insel Langeoog ...

Was den Rheinländern der Karneval und den Badenern die Fastnacht, das ist den Ostfriesen das Bessensmieten, meist auch Struckbessensmieten genannt – und genau in der Karnevalszeit findet das meistens auch statt. Nicht nur Sport und nicht nur Spaß, sondern irgendetwas dazwischen, das ist Bessensmieten. Dazu werden zwei Teams gebildet, oft haben sich die Menschen dafür extra fantasievoll verkleidet. Sie ziehen, manchmal mit Musik, Themen- und Bollerwagen, durch die Straßen und werfen dabei – das mag, zugegeben, vielleicht etwas archaisch anmuten – einfache Besen, meist Reisigbesen ohne Stiel (Strauchbesen), durch die Gegend. Es wird immer abwechselnd und reiherum geworfen, ähnlich wie beim Bosseln soll mit möglichst wenigen Würfen eine vorgegebene Strecke zurückgelegt werden. Stets ist die zurückliegende Mannschaft am Zug und der Besen muss immer genau von dort aus geworfen werden, wo er vorweg gelandet ist. Das Bessensmieten hat dem verwandten Boßeln und seinem „Vorgängersport" Klootschießen (siehe auch Kapitel 47) gegenüber jedoch einen entscheidenden Vorteil: Man benötigt weder warmes Wetter noch geebnete Wege ...

Grünkohl (auch Braunkohl oder Palme genannt), gehört zur Familie der Kreuzblütengewächse und ist ein typisches Wintergemüse, welches im Süden der Republik, in der Schweiz oder in Österreich wenig bekannt ist. Ab Spätherbst aber, angeblich muss Grünkohl einmal Frost abbekommen, damit er richtig gut schmeckt, ist er im Norden allerorts auf den Speisekarten zu finden! Bei den Ostfriesen ist die Kohlart Kultmahl und zählt, obwohl ursprünglich im Mittelmeerraum beheimatet, richtig zubereitet zu den höchsten kulinarischen Genüssen, welche die Küche an der Küste zu bieten hat.

Der kulinarische Importschlager mit Kultfaktor stammt von Wildkohl ab und wurde bereits zu Sokrates' Zeiten in der Antike verköstigt. In Deutschland wird er erstmals im 16. Jahrhundert dokumentiert – das erste öffentliche Grünkohlessen in Bremen fand im Jahr 1545 statt. Zur zünftig-klassisch gekochten Grünkohlplatte gehören geräucherte Grütz- oder Mettwurst (Pinkel, Bregenwurst), mancherorts auch Senf, Kasseler oder Bauchfleisch und auf jeden Fall gekochte Kartoffeln, Hardliner braten sie in Zucker an. Neuerdings erobert das Gemüse mit dem hohen Vitamin-C-Gehalt nicht mehr nur den nördlichen Teil der Republik mit neuen Rezeptideen – blanchiert im Salat, als Zugabe in Smoothies oder als pikante Gemüsechips! Und besonders lecker: klassisch zubereitet, jedoch statt Senf einfach mal Sauce Hollandaise dazu genießen. Das ist weder Diätkost noch eine für nordische Gaumen gewohnte Mischung, doch sie harmoniert aufs Beste!

Weitere Infos:
Bessensmieten: Kurverwaltung
Grünkohl: Gaststätten auf der Insel

80 Die Kirche Sankt Nikolaus

Katholisch trifft Meer

Nach der Reformation war Ostfriesland und damit Langeoog überwiegend evangelisch geprägt und es dauerte bis zum Jahr 1910, als mit dem zunehmenden Strom an Badegästen auch Katholiken den Weg zur Insel fanden und erstmals wieder, zunächst nur in den Sommermonaten, katholische Gottesdienste zelebriert wurden. Spätestens in den Dreißgerjahren des 20. Jahrhunderts, als Langeoog mehr und mehr Heimat vieler Militärangehöriger wurde, nahm auch der Zuzug katholischer Einwohner auf der Insel zu. Als die große Flüchtlingswelle ostdeutscher Vertriebener aus Gegenden wie Schlesien, Ostpreußen oder Pommern einsetzte und unzählige Menschen im wahrsten Sinne des Wortes auf der Insel strandeten und sogar ein Caritas-Altersheim mit katholischen Schwestern seinen Betrieb aufnahm, wurde die Heilige Messe wieder regelmäßig in der Kapelle des Heimes oder im heutigen Ratssaal gefeiert. 1962 begann auf Langeoog der Bau einer römisch-katholischen Kirche, die Pläne dazu stammten von der deutschen Architektin Lucy Hillebrand (1906 – 1997), die 1927 als jüngstes Mitglied des Deutschen Werkbundes galt (Vereinigung von Architekten, Künstlern u. a.; 1938 aufgelöst, 1945 Neugründung). Von 1937 bis 1994 hatte die junge Architektin wegen ihrer Herkunft als Halbjüdin nur mit einer Sondergenehmigung arbeiten können. Nach dem Zweiten Weltkrieg eröffnete sie ein Atelier in Göttingen und beeinflusste maßgeblich den Schul- und Heimbau der Nachkriegszeit in Niedersachsen. 1985 wurde sie zum Ehrenmitglied im Deutschen Werkbund und 1987 im Bund Deutscher Architekten ernannt.
Die Kirche wächst sozusagen aus den Dünen heraus, der Turm wird im Volksmund auch gern mal als Nonnenrutsche, Seelenabschussrampe oder Möwenrutschbahn betitelt. Es ist kein Zufall, dass das Gotteshaus 1964 vom damaligen Bischof der Diözese Osnabrück auf den Namen Sankt Nikolaus, nach dem Schutzpatron unter anderem der Seefahrer (weswegen er auch der Patron vieler Hansestädte ist), geweiht wurde. Der Heilige Nikolaus von Myra kam der Legende nach stets in Not geratenen Seeleuten rettend zu Hilfe. Und es passt ebenfalls ins maritime Gefüge, dass ein Steuerrad im Kircheninnenraum zu sehen ist, ebenso eine Madonnenstatue, ein sehr schön gestaltetes Kreuz und ein Kreuzweg.
Auf Langeoog wird seitdem konstruktiv Ökumene vorgelebt – der evangelische Gemeindebrief umfasst auch den katholischen Gemeindeanzeiger, eine selbst im 21. Jahrhundert eher selten anzutreffende und vorbildhafte Kooperation. Die katholische Inselgemeinde umfasst heute (je nach Jahreszeit mal mehr oder weniger) etwa 250 Mitglieder, die Gottesdienste werden heute meist von auf der Insel urlaubenden Priestern zelebriert.

Sankt Nik

Standort: Kirchpad

81 Die jüdischen Kinder aus Halberstadt

Aktion KLAUS auf Langeoog

„Nun endlich kommt es doch noch an die Öffentlichkeit, dass Christen an manchen bisher unbekannten Orten in sehr schwerer Zeit verantwortungsvoll etwas für Juden getan haben, was in ihren Kräften stand", so äußerte sich 1990 ein älterer Herr namens Erich Kraus anlässlich eines Besuches auf Langeoog. Dazu berichtete er dem damalig amtierenden Pastor der Inselkirche von einer Begebenheit, die sich von der Öffentlichkeit weitestgehend unbemerkt inmitten der Wirren um den Beginn des Zweiten Weltkrieges abgespielt haben soll. Auf Langeoog hatte das Militär längst Besitz von der Insel genommen, der Fremdenverkehr war praktisch zum Erliegen gekommen und nur noch Ferienlager für die Hitlerjugend fanden statt. Doch wenn man diesen Berichten Glauben schenken darf, waren 1938/39 auch halbjüdische Kinder aus Halberstadt/Harz auf der Insel. Ermöglicht wurden diese Freizeiten, die als Aktion KLAUS, Kinder lieber außer Sichtweite (der Nazis), bezeichnet wurden, wohl durch das Engagement einiger Bürger der alten Bischofsstadt in Sachsen-Anhalt, etwa der (christlichen) Sportlehrerin „Tante Vicky" Kraus Klockemeyer, Mutter des Erzählers, welche die Ferienfreizeiten auch organisierte und begleitete. Ziel war es demnach, jüdische Kinder zu betreuen, währenddessen ihre Eltern sich um eine Auswanderung bemühten. Finanzielle Unterstützung erfuhr die Aktion unter anderem durch die örtliche Synagogengemeinde in Halberstadt sowie die Vereinigung Schlaraffia zu Hildesheim.
Stets fünf bis acht Kinder reisten demnach in jenen Jahren möglichst unauffällig, also „in Stärke eines arischen Familienverbandes". Sie kamen für jeweils zwei bis zweieinhalb Monate nach Langeoog und schliefen in einer Scheune in der Meierei (siehe auch Kapitel 39). In dem Betrieb war seinerzeit der Käsemeister Henze angestellt. Dessen Töchter Magda und Emmy führten im Ort eine Pension und wussten um die Identität der Besucherkinder. Sie hatten Erich Falke eingeweiht, damaliger Pächter der Meierei. Damit sorgten sie für die Übernachtungsmöglichkeit und stellten zugleich die Verbindung zu den Schwestern des Hauses Bethanien her, welche die Kinder versorgten. Als unauffällige Kurierin zwischen Scheunenlager und Ort fungierte die Tochter der Organisatorin, Inge Kraus, welche später beim Einzug der Roten Armee in Halberstadt von Soldaten erschossen wurde. Sie erlebte damals – wie auch der Bruder Edgar – die Freizeiten als „Christenkinder" mit.
In der Inselkirchenchronik und in einer Chronik von Halberstadt werden diese von Kraus beschriebenen Freizeiten ausführlich thematisiert. Doch ob und wieviele Kinder tatsächlich auf Langeoog waren, bleibt bislang ein Mysterium. Die Forschung in Halberstadt (Moses-Mendelssohn-Akademie) ist sich darüber bis heute nicht im Klaren, denn es waren dazu leider keine weiteren Archivunterlagen, TeilnehmerInnen oder sonstige Zeitzeugen ausfindig zu machen, weder in den betroffenen Familien noch auf Langeoog selbst. Aber schön wäre es ja, hätten die Kinder tatsächlich auf der Insel Ferien machen dürfen!

Standorte:
Haus Bethanien: Barkhausenstraße 31
Meierei: Meierei 9

82 Eiswinter auf Langeoog

Die Entdeckung der Langsamkeit

Eiswinter klingt auf den ersten Blick kalt, auf den zweiten aufregend bis abenteuerlich, auf den dritten schon etwas beklemmend – heißt es dann doch für Langeoog und meist auch die umliegenden Inseln: eingefroren. Ringsherum. Heutzutage ist das kein allzu gefährliches Thema mehr, notfalls können Bewohner aus der Luft versorgt und Gäste rechtzeitig ausgeflogen werden. Früher indes sah das etwas anders aus – Eiswinter stellten eine große Bedrohung für Mensch wie Vieh dar. Zudem ging einfach nichts mehr, Schiffe samt Besatzung lagen fest, der Fährverkehr erlahmte oder wurde gänzlich eingestellt. Das übrigens bis heute. Die Insulaner sind dann schon mal vom Festland abgeschnitten und tatsächlich auf Hilfe von „draußen" angewiesen. Dabei zeigt sich die Nordseeküste im Winter aufgrund des mäßigenden Einflusses von Meerwasser auf die Lufttemperatur vergleichsweise eher mild, Helgoland beispielsweise gilt im Dezember im langjährigen Mittel als mildester Flecken in ganz Deutschland. Doch in manchen Jahren zeigt der Winter eben allen Daten zum Trotz eine lange Nase und schlägt eiskalte Kapriolen ...

1890/1891 beispielsweise war so ein langer kalter Eiswinter und Langeoog von Mitte Dezember bis Ende Januar vom Festland abgeschnitten. Die ersten drei Monate des Jahres 1929 funktionierte nur der Wagenverkehr über das Eis gen Festland. Die harten Eiswinter in den Kriegsjahren 1940 und 1942 wurden auf Langeoog für viele Kriegsgefangene zur tödlichen Falle. Im Winter 1955/56 erlahmte der Fährverkehr, die Bewohner mussten durch Seenotrettungsboote versorgt werden. 1962/63 lag halb Europa unter einer Eisdecke, auf Langeoog türmten sich die Eisschollen am Strand über drei Meter hoch. Die Bundeswehr versorgte die Insulaner aus der Luft – die erste Lieferung, wie der Insulaner Hendrik Tongers versicherte und wohl noch auf alten 8mm-Filmen festgehalten zu sehen, waren zehn Kisten Doornkart.

1968/69 rutschte die Temperatur auf Langeoog nach Aussagen von Zeitzeugen bis unter minus 45°C, am Festland rissen die Überlandstromleitungen, die Insel war tagelang ohne Strom und der Boden blieb bis Ende März einen halben Meter tief gefroren. Im „Katastrophenwinter" 1978/79 fegten eisige Oststürme über die Insel, die Schneeverwehungen waren an die vier Meter hoch und der Schnee lag teilweise noch an Ostern Mitte April. Als bislang letzte „echte", wenn auch vergleichsweise milde Eiswinter gelten die Winter 1995/1996 und 2009/2010. Doch noch heute gilt die Aufforderung der Inselverwaltung, stets für solche Fälle für ausreichende Bevorratung zu sorgen!

Die Tendenz zu „Eiswintern", so Wissenschaftler verschiedener Disziplinen, welche diese an Nord- und Ostseeküste gründlich erforschen, nimmt ab. Für Inselurlauber indes gilt: Entdecken Sie die Langsamkeit! Das kann dauern!

uf Langeo

Weitere Infos: youtube, Stichwort Eiswinter

83 Ein Leben für die Literatur

Gabriele Wohmann, eine Langeoogerin auf Zeit

Sie gehört zu den besten deutschen ErzählerInnen der in den Dreißgerjahren geborenen Generation, so urteilte der 2013 verstorbene deutsch-polnische Literaturpapst Marcel Reich-Ranicki über Gabriele Wohmann (Jg. 1932), die einige Zeit auf Langeoog lebte. Hier hatte sie ihre Jugend als Schülerin im legendären Inselinternat – wie einige weitere auch, die berühmt wurden – verbracht, hier verdiente sie sich ihre ersten Sporen als Lehrerin. Das Internat ist längst Inselgeschichte (1988 geschlossen, 2009 durch Brand zerstört), doch die Spuren, welche die Absolventen in der Welt hinterlassen, führen Interessierte noch immer zum Gelände der ehemaligen Schule.

1957 veröffentlichte Wohmann ihre erste Erzählung, *Ein unwiderstehlicher Mann*. Sie beschreibt darin einen Mann sowie seine Ehefrau und Geliebte, beide von ihm schwanger. Eine Freundin rät ihm, sich zu erschießen – was er prompt in die Tat umsetzt.

Bis zu ihrem Tod 2015 schrieb Wohmann Romane, Hörspiele, Erzählungen, Essays, Drehbücher und Gedichte. Ihr Thema: die bürgerliche Mittelschicht, Liebe in all' ihren Erscheinungen, Formen, Strukturen und Stadien, Alltag und Miteinander, Höhenflüge und Abstürze. Später rücken Themen wie Alter und Sterben in den Vordergrund. Die FAZ bezeichnete sie als „Geheimagentin der Literatur in den Produktionsstätten der Familienneurosen".

Die Arbeiten der als exzellente Beobachterin geltenden Autorin wurden in zahlreiche Sprachen übersetzt und teils auch verfilmt, wie beispielsweise 1974 der Band *Paulinchen war allein zu Haus.* Der Titel ist einem Gedicht aus dem Struwwelpeter von Heinrich Hoffmann entlehnt, inhaltlich setzt sich Wohmann darin mit dem Thema Kindererziehung und Kinderpsychologie im Zeitgeist der Siebzigerjahre auseinander. Als ihr größter Erfolg gilt *Entziehung*, eine Arbeit, die auch verfilmt wurde. Darin spielt sie die von ihr selbst geschaffene Figur Laura, eine vierzigjährige, geschiedene und labile Frau, welche sich wegen Medikamentenabhängigkeit in einem Sanatorium behandeln lässt, und sich bald darauf sehr bange nach dem „danach" fragt.

Bis heute gilt Wohmann als Meisterin der Kurzgeschichte – und als eine der profiliertesten Autorinnen im Nachkriegsdeutschland. Die Liste ihrer Ehrungen ist dementsprechend lang und erlesen: Georg-Mackensen-Literaturpreis (1965), Hessischer Kulturpreis (1988), Bundesverdienstkreuz I. Klasse (1980), Großes Bundesverdienstkreuz (1997), Verdienstmedaille des Landes Baden-Württemberg (2002) – um nur mal einige zu nennen. Wohmann war zudem Mitglied in der Schriftstellervereinigung Gruppe 47, in der Berliner Akademie der Künste, der Deutschen Akademie für Sprache und Dichtung und zeitweise auch im PEN-Zentrum Deutschland.

2012 erschien ihr letzter Band: *Eine souveräne Frau*, ihre schönsten Erzählungen aus fünf Jahrzehnten. Absolut lesenswert!

Ehemaliger Standort Internat: im Eck Kirchstraße / Süderdünenring

84 Ostern auf Langeoog

Von heidnischen und christlichen Feuern

Oft ist es zu Ostern auf Langeoog herrlich sonnig, gelegentlich schon richtig warm, so dass der Glühwein nicht mehr schmecken mag. Aber manchmal herrscht auch Mützenwetter und es schneit oder es fegt ein eisiger Ostwind über die Insel – dann wärmt doch noch ein Schluck von innen.

Welche Kapriolen das Wetter gerade schlagen mag, das Osterfeuer findet immer statt! Und längst gehört der alte heidnische Brauch zum lieb gewonnenen Ritual vieler Insulaner – sie berichten noch heute von den „oft schmerzhaften, aber immer aufregenden und spannenden Schlachten", welche sich die Langeooger Jugend in den Fünfziger- und Sechzigerjahren nur allzu gern um die beiden Osterfeuer im Norder- und Süderdorf lieferten. Heute strömen Tausende, Einwohner wie Gäste, zum Treffpunkt am Fuße des Wasserturms, in einem langen Zug geht's Richtung Flughafen. Begleitet wird der Zug von der Jugendfeuerwehr sowie dem Jugendfanfarenzug aus Friesoythe, der bereits tagsüber im Ort mit seinen Darbietungen auf das am Abend folgende Spektakel einstimmt. Am Bahndamm angekommen, wird das Osterfeuer entfacht. Für das leibliche Wohl sorgen Buden allerlei Art, ob Bratwurst oder Erbsensuppe – hier findet jeder etwas nach seinem Geschmack.

Osterfeuer kennt man hierzulande von der Küste bis zu den Alpen bereits seit dem 16. Jahrhundert. Dafür werden wochenlang Holzstapel aus Strauch- und Baumschnittabfällen und so manchem nicht rechtzeitig zur Abholung hinausgestellten Weihnachtsbaum aufgeschichtet. Die Holzstöße müssen kurz vor dem Abbrennen nochmals gründlich umgestapelt werden, damit bis dahin eventuell dort eingenistete Kleintiere nicht umkommen. Das Vertreiben der Tiere gehört zu den Aufgaben der Wachmannschaften. Auch wegen dieser Problematik sind Osterfeuer nur mit Genehmigung erlaubt.

Der religiöse Bezug ist dabei selten, auch wenn mancherorts Puppen im Feuer verbrannt werden. Diese sollen den Apostel Judas symbolisieren, der nach den Evangelien des Neuen Testaments Jesus mit einem Kuss verraten hat.

Zu Beginn der christlichen Liturgie in der heiligen Osternacht, im Kirchenjahr sozusagen die Nacht aller Nächte, wird ebenfalls ein Feuer entfacht. Der Priester entzündet daran die Osterkerze, was den Beginn des Osterfestes einläutet. Die Kerze wird anschließend sinnbildlich für Christus als Licht der Welt durch die dunkle Kirche getragen. Auch auf Langeoog bereiten sich die Gläubigen auf diese Weise für das bevorstehende Osterfest vor – sowohl in der katholischen Sankt Nikolauskirche wie in der evangelischen Inselkirche. Der uralte, christliche Brauch beginnt am Karsamstag frühestens nach Sonnenuntergang und endet spätestens vor der Morgendämmerung am Ostersonntag.

Standorte:
Osterfeuer: Treffpunkt vor dem Wasserturm
Katholische Kirche: Kirchpad
Inselkirche: Kirchstraße

85 Unterwegs unter den Sternen

Die etwas andere Inseltour

Nach dem Sternenhimmel ist das Größte und Schönste, was Gott erschaffen hat, das Meer. So urteilte einst der österreichische Schriftsteller und Maler Adalbert Stifter – und wenn beides zusammentrifft, dann ist das Paradies zum Greifen nah. Das hat sich wohl auch Arvid Männicke gedacht, als er Ende der Neunzigerjahre erstmals über „machste mal was mit astro“ nachdachte und etwas ganz Besonderes für die Langeooger Gästeschar entwickelte – eine Inselerkundung unterm Sternenhimmel! Seitdem und längst mithilfe von Medien wie i-Pad und leuchtenden Sternbilderkarten zeigt er Interessierten, was es am Himmel über den ostfriesischen Inseln alles zu entdecken gibt. Die zirkumpolaren Sternenbilder beispielsweise, als jene, welche um den Polarstern herum, den Hauptstern im Bild im Kleinen Wagen (oder Bären), gruppiert sind, etwa die auffälligen Sternbilder am Nordhimmel, wie Cassiopeia oder der Große Wagen (oder Bär). Aber wie erst mal den Polarstern finden, wenn mal so völlig unbeleckt ist in Sachen Astronomie?
„Ganz einfach“, so Männicke, „suchen Sie die Rückwand zwischen den hinteren Kastensternen am Großen Wagen, in fünffacher Verlängerung finden Sie den Polarstern.“
Im Winter, um Weihnachten herum, geht er besonders gerne raus, um den Sternenhimmel zu erklären. Dann sind die Wintersternbilder zu sehen, das Wintersechseck und das berühmte Sternbild Orion, in der griechischen Mythologie der gefürchtete Himmelsjäger, weil er durch seine hervorragende Zielsicherheit unter den Tieren allzu viel Schaden anrichtete. Seine Hauptsterne Beteigeuze und Bellatrix bilden die Schultern. Das Besondere an Orion sind indes seine drei Gürtelsterne Mintaka, Alnilam und Alnitak, auch als Gebamsel oder Schwert (im Mittelalter Jacobsstab, Jakobsleiter oder Pilgerstab benannt und in der Nautik als Vorläufer des Sextanten genutzt), welche in einer geraden Linie angeordnet sind.
Die Sternentour ist nicht die einzige Attraktion, die der gebürtige Hannoveraner auf Langeoog anbietet. Arvid Männicke (Jahrgang 1964) hat mehrere abgeschlossene Ausbildungen vorzuweisen, vom Rettungshelfer und Tischler bis zum zertifizierten Nationalparkwattführer, Gästeführer und Segellehrer. Seine große Leidenschaft ist das Wasser – er bietet auch eine Vogelbeobachtungstour mit dem Katamaran an, betreibt seit 1998 eine Segelschule auf der Insel und bietet Kurse für fast alles rund um den Küstensport an. Die Liebe zu speziell diesem Eiland entwickelte sich bei ihm bereits in frühen Kinderjahren – seine Großeltern besaßen hier einst in der Hafenstraße ein Haus. 1991 packte er in Hannover seine Sachen zusammen und zog nach Langeoog. Längst besitzt er auch einen „Insulanerausweis“, der ihn als Einheimischen legitimiert.

unter den

Treffpunkt: Segelschule Hafendeichstraße 15, Dauer ca 1,5 h, 8,00 €

86 Der marokkanische Hamam

Orient trifft Okzident

Es ist nicht unbedingt etwas, das man auf einer ostfriesischen Insel vermuten würde: Orientfeeling. Doch genau das finden Sie im marokkanischen Hamam auf der Insel und fühlen sich dabei in Gegenden versetzt, die mit Langeoog wenig gemein haben und im arabisch-türkischen Raum auf der Landkarte zu finden sind. Der Hamam auf Langeoog ist vielleicht nicht ganz so authentisch wie die Originale im Orient, aber ein Dampfbad ist er auch. Der wunderbar wohlig temperierte Bauch- oder Nabelstein, eine steinerne und oft aus Marmor bestehende Liege, steht wie üblich nicht mittig, sondern in einem abgeteilten Raum. An den Wänden sind auch keine Waschbecken mit Hähnen für Kalt- und Warmwasser zu finden, aus denen später mit kleinen Schalen namens Tas das Wasser für die Waschungen geschöpft wird, doch das tut der Sache keinen Abbruch – die Badmeisterin, genannt Tellak, behiflt sich mit Eimerchen.

Das Reinigungs- und Massagezeremoniell bei einer Hamambehandlung ist weltweit mehr oder weniger gleich und die Zutaten sind einfach nur Wärme, Wasser, Luft und Schaum. Zunächst sollte ein Peştemal (handtuchartiger Lendenschurz) angelegt werden, manche Hamams bieten einen kurzen Gang in heißem Dampf an, um die Poren zu öffnen. Die eigentliche Behandlung beginnt jedoch mit einem gründlichen und kräftigen Hautpeeling mit dem Kese (oder Lif), einem rauen Handschuh aus Wildseide oder Ziegenhaar. Daran schließt sich die sogenannte Paschawaschung an. Das ist nicht einfach einseifen, abspülen, fertig, sondern eine unglaubliche Wohltat aus feinstem Seifenschaum, oft aus Olivenöl- oder Honigseife, welcher mithilfe eines großen, eingeseiften Baumwollsackes, der durch mehrmaliges Schwenken (oder Hineinpusten) mit Luft gefüllt wird und somit einem großen Kissen gleicht, mit den Händen aus dem Gewebe auf den Körper gestreift und danach aufmassiert wird. Der Schaum wird anschließend mit lauen Wassergüssen abgewaschen. Die Haut wird dadurch gründlich und porentief gesäubert, die Muskulatur gelockert und entspannt, der gesamte Körper gut durchblutet, man fühlt sich „wie neu geboren".

Das wussten auch schon die Bewohner der Antike, aus deren Badekultur sich der Hamam (übersetzt = Wärme) entwickelt hat. Im Mittelalter entstanden die ersten orientalischen Dampfbäder und bis zum heutigen Tag ist der Hamam nicht nur Reinigungs- sondern auch Kommunikationsort, Ort der Geselligkeit und des Vergnügens, an dem sich die Familie oder der Freundeskreis – nach Geschlechtern getrennt – zum Austausch sammelt und besondere Rituale pflegt. Für viele Frauen ist der Hamam auch heute noch von besonderer Bedeutung, hier werden noch die urweiblichen Traditionen, wie beispielsweise das Brautbad vor der Hochzeit, gepflegt.

kanische Ha

Standort: Hotel Feuerschiff, Friesenstraße 1

87 Die Vertrauensbibliothek

Auf Treu und Glauben

So etwas gibt es eigentlich heutzutage gar nicht mehr. Aber mit so manchen Dingen läuft es auf Langeoog, wie bereits erwähnt, eben ein wenig anders als auf dem Festland. Wie zum Beispiel mit der Bücherausleihe. Auf der Insel gibt es eine sogenannte Vertrauensbibliothek im „Beiboot", dem Haus für Gemeinde- und Urlauberarbeit der evangelischen Inselgemeinde, und sie funktioniert nur und ausschließlich auf dem Grundsatz von Treu und Glauben – ein bis heute angewandter Begriff in der Jurisprudenz und im deutschen ebenso wie im europäischen Recht verankert. Im Bürgerlichen Gesetzbuch etwa heißt es: Innerhalb eines Schuldverhältnisses ist der Schuldner verpflichtet, die Leistung so zu bewirken, wie „Treu und Glauben mit Rücksicht auf die Verkehrssitte" es erfordern. Meint nichts anderes als: redliches, anständiges, zuverlässiges und lauteres Verhalten.

Wenn Sie Bücher dort also ausleihen wollen, benötigen Sie daher weder ein Formular noch einen Leseausweis und zahlen auch keine Leihgebühren. Es funktioniert. Jeden Tag. Es läuft einfach so. Und wenn Sie mit der Lektüre, die Sie selbstverständlich auch immer pfleglich behandeln, durch sind, stellen Sie das Buch wieder zurück und holen sich ein anderes heraus, vor Abreise bringen Sie natürlich alle Bände zurück. Ganz easy, oder?

Der Buchbestand mag nicht immer auf dem neuesten Stand sein, er setzt sich ausschließlich aus Spenden und Schenkungen zusammen (über die sich die ehrenamtlichen Mitarbeiter stets sehr freuen); das Angebot umfasst etwa 3000 Bände, ist vielseitig und interessant. Hier finden Sie neben Romanen und Krimis auch Biografien, Reiseliteratur, Märchen, Bände zu Kunst- und Kulturgeschichte, Regionalia, teils auch auf Platt, Theologisches, Politisches, Psychologisches und Pädagogisches. Zudem gibt es eine große Vielzahl an Bilderbüchern sowie Kinder- und Jugendliteratur.

Für die Kleinsten ab zwei Jahren bieten ehrenamtliche Mitarbeiter dienstags und samstags während der Hauptsaison am Abend auch Geschichten und Lieder zum Tagesausklang an.

Die katholische Nikolausgemeinde und die Kurverwaltung bieten Bewohnern wie Besuchern der Insel ebenfalls öffentliche Büchereien an.

Standorte:

Vertrauensbibliothek: Beiboot, Hauptstraße 15

Bibliothek der Nikolausgemeinde: Strandjepad 1

Bücherei der Kurverwaltung: Spöölstöv, Kavalierpad 3

88 Strandkegeln

Alle Neune!

Es war einige Jahrzehnte aus dem Strandbild verschwunden, doch nun ist es wieder da, das Strandkegeln! Mitarbeiter des Sportteams der Kurverwaltung haben es neu entdeckt und bieten das einfache Spiel endlich wieder an. Und das ist gut so, denn Strandkegeln macht sehr viel Spaß! Zudem braucht es nicht viel, um zu funktionieren: einen flachen Sandstrand, neun Holzkegel, im Fachjargons Pins genannt, eine Wurfkugel (Standarddurchmesser Lochkugel: sechzehn Zentimeter, knapp drei kg schwer) und natürlich motivierte Spieler – üblicherweise wird in Vierer- oder Sechser-Teams gespielt.

So geht's: Sand glatt streichen, Kegel rautenförmig (eine Spitze zeigt zu den Spielern) in einem Quadrat anordnen, Abwurflinie festlegen, Gruppen bilden und los geht's. Auf Langeoog wird so gespielt: pro Runde vier Würfe pro Mann/Frau pro Mannschaft. Gewonnen hat das Team, welches die meisten Punkte erzielen konnte. Und wie schon in den Anfängen des Strandkegelns auf Langeoog, gibt es auch heute manchmal wieder Hochprozentiges für die Bestplatzierten …

Gekegelt wurde bereits im antiken Ägypten, was entsprechende Darstellungen, die bei Ausgrabungen gefunden wurden, aufzeigen. Handschriften belegen die Spielfreude der Menschen auch im Mittelalter, einen Kegelplatz konnte damals fast jeder Ort vorweisen und in Xanten gab es beispielsweise im 13. Jahrhundert eine Keglergilde. Gespielt wurde dabei bei Festen im Jahreslauf genauso wie bei Familienfeiern. Auch Dichtervater Goethe hatte, ebenso wie sein Kollege Schiller, großen Spaß an dem Spiel, und zu Zeiten als es noch sogenannte Kegeljungen gab, deren Aufgabe darin bestand, nach jedem Wurf die Kegel wieder aufzurichten, hat sich auch der berühmte „Winnetou“-Erschaffer Karl May damit seine ersten, wenn auch noch nicht schriftstellerischen, Meriten verdient.

Hin und wieder wurde das Kegeln im Laufe der Geschichte wegen „Unsittlichkeit“ von weltlicher wie kirchlicher Seite verboten. Oftmals ging es dabei nämlich um Hab und Gut und Kopf und Kragen. Der englische König Richard II hatte seine Probleme mit dem „Sittenverfall“, denn der Adel frönte seinerzeit dem Spiel genau so leidenschaftlich wie die einfachen Leute.

Gespielt wurde bis ins 18. Jahrhundert draußen im Freien. Erst dann kamen allmählich neue Ideen ins Spiel. Die ersten verbindlichen Regeln wurden aufgestellt, die teils heute noch Gültigkeit haben, und man verlagerte das Spiel auf feste Bahnen, teils auch nach drinnen. 1885 wurde in Dresden der Zentralverband deutscher Kegelklubs gegründet.

Und denken Sie dran, Ihre Mitspieler korrekt zu grüßen: Gut Holz!

Standort: Strand, Spielzeiten bei der Kurverwaltung erfragen

89 Der grüne Gockel

Umweltmanagement made by Kirche

„... und füllet die Erde und machet sie euch untertan und herrschet über die Fische im Meer und über die Vögel des Himmels und über alles Lebendige, was auf Erden kriecht ...“
So steht es in der Schöpfungsgeschichte der Bibel geschrieben. Doch ob es so auch gemeint war, dass wir Menschen des 21. Jahrhunderts die Erde nun mithilfe von Umweltmanagementsystemen vor uns selbst schützen müssen? Fakt ist: Diese gehören längst zum guten Ton und dienen als Aushängeschild, welches den guten Willen von Betrieben zur Verbesserung des Umweltschutzes signalisiert. Auch in kirchlichen Einrichtungen hat dieses Bekenntnis zur Umwelt Einzug gehalten (und wenn nicht da, wo dann?) und die Inselgemeinde auf Langeoog darf sich als erste Kirchengemeinde in der Region Ostfriesland mit dem Grünen Gockel (süddeutsch für Hahn) schmücken, dem Symbol für Umweltengagement der Evangelischen Kirchen und Landeskirchen von den Alpen bis zur Küste.
Der Grüne Gockel ist ursprünglich eine Idee der Evangelischen Landeskirche in Württemberg gewesen, die sich kontinuierlich weiterentwickelte und für die Bewahrung der Schöpfung und Nachhaltigkeit in Kirchengemeinden, Verwaltungen, Tagungsstätten sowie Einrichtungen der Diakonie steht. Mittlerweile gehören über 200 evangelische Einrichtungen dazu und es haben sich auch einige katholische Bistümer und Erzbistümer angeschlossen.
Umweltmanagement heißt: die Ziele sowie deren Umsetzung planen, die entsprechenden Prozesse ausführen und überwachen, korrigieren und optimieren. Alle Gebäude sowie die gesamte Dokumentation werden somit von unabhängigen Revisoren nach Norm ISO 14001 und EMAS-Verordnung zertifiziert. Die Norm ISO 14001 ist die Grundlage für Aufbau, Einführung, Überwachung und Weiterentwicklung von Umweltmanagementsystemen. Sie legt die Forderungen fest, welche für Unternehmen und Organisationen jedweder Art und Größe und deren geographische, kulturelle und soziale Bedingungen anwendbar sind. Die EMAS ist das Gütesiegel der Europäischen Union und ein freiwilliges Instrument, welches Unternehmen und Organisationen mit einem standardisierten Managementsystem dabei unterstützt, ihre Umweltleistung kontinuierlich zu verbessern.
Das runde Logo setzt sich aus einem blauen Fisch, dem Eurozeichen und sechs gelben Sternen zusammen und ist sichtbares Zeichen für die Einhaltung von Umweltrechtsvorschriften, die aktive Einbeziehung von MitarbeiterInnen oder auch die Bereitstellung von Informationen über die eigene Umweltleistung.
Die Beteiligten beider christlicher Kirchen haben sich längst zum Netzwerk „Kirchliches Umweltmanagement“ (KirUm) zusammengeschlossen. Besser und sinnvoller geht Ökumene nicht.

Standort: Vor der Inselkirche am Vangerowpad

90 Das Tsingtau-Zimmer

Seidige Erinnerungsstücke an Fernost

Langeoog liegt im Nordwesten Deutschlands in der Nordsee, Tsingtau (Tsingtao; heute die Millionenstadt Qingdao) an der Ostküste von China, dazwischen befinden sich Luftlinie gut zehntausend Kilometer Land. Auf dem Seeweg ist die Entfernung noch viel weiter, doch so mancher junge Mann hierzulande nahm den Weg gen Asien auf sich und diente dort während der Kaiserzeit als Matrose. Kolonialisierung hieß damals der Slogan in halb Europa. Der deutsche Kaiser Wilhelm II sicherte sich – um ebenfalls etwas vom „Kuchen“ abzubekommen – unter anderem 1898 auf 99 Jahre die Pacht für das Gebiet Kiautschou auf der Halbinsel Shandong, wo die kaiserliche Marine den Hafen des Verwaltungshauptsitzes Tsingtau bald zum Hauptstützpunkt der seit Mitte des 19. Jahrhunderts bestehenden ostasiatischen Flotte ausbaute. Der deutsche Hafen in China bestand, nachdem Japan dem Deutschen Reich den Krieg erklärt hatte, bis zur Kapitulation im Herbst 1914, als die deutsche Belagerung mit einem japanisch-britischen Sieg endete.

Es war die große Zeit in der neueren Geschichte der deutschen Seefahrt gewesen. Namhafte Schiffe wie die SMS Fürst Bismarck oder SMS Kaiserin Augusta gelangten zu weltweiter Bekanntheit (SMS = Abkürzung für Seiner Majestät Schiff). Kreuzer, Korvetten, Panzerschiffe, Kanonenboote und sogar Linienschiffe jeglicher Bauart stachen in See und befuhren die Weltmeere, um die Kolonien im Pazifischen Ozean und anderen Teilen der Welt zu schützen. Manche der damaligen Kommodore und Admiräle kamen zu Ruhm und Ehre, ihre Namen sind teils heute noch bekannt, viele Biografien berichten vom Leben jener Männer, die mit Orden ausgezeichnet wurden.

Weniger weiß man über die unzähligen einfachen Seemänner, die seinerzeit im Dienste der Krone Heimat und Familie verließen. Ihnen ist das Seidenzimmer im Langeooger Museum gewidmet. Eine imposante Sammlung unter anderem von Seidentüchern, welche sich die Matrosen als Erinnerung an ihren weiten Reisen und ihre Dienstzeit in Fernost haben anfertigen lassen, dekoriert mit maritimen Motiven, Dienstgraden, Verweilzeiten und natürlich dem Namen des jeweiligen Seemannes.

Heute ist man in der ehemaligen Kolonialstadt stolz auf das architektonische Erbe und noch immer sind deutsche Spuren zu finden wie Kopfsteinpflaster, Fachwerkhäuser, Bahnhof, Denkmal, Kirchen, Friedhof und Restaurants mit Namen wie „Zur Bierstube" – und deutscher Küche. Das Tsingtao Beer wird seit 1903 (einst Germania-Brauerei) nach dem deutschen Reinheitsgebot gebraut und ist die heute größte Brauerei in der Volksrepublik China.

Ob ein Langeooger je zu den Männern gehörte, die teils über Jahre und nicht nur in den asiatischen Kolonien für Volk und Vaterland einstanden, ist bislang indes ungewiss.

Standort: Haus der Insel, Kurstraße 1
Öffnungszeiten: montags, dienstags, donnerstags und freitags 10:00 – 12:00 und 15:00 – 17:00 Uhr, mittwochs und samstags 10:00 – 13:00 Uhr

91 Das Atelier am Meer

Vom Auge zum Herzen und vom Herzen zur Hand

Es muss schon etwas Besonderes gewesen sein, was den gebürtigen Bayern so sehr anzog und auf der Insel hielt und in der Tat, das war es, nämlich die große Liebe zu Renate! 1965 kam der damals erst 22-jährige Maler Anselm Prester nach Langeoog, um zu heiraten – wo er bis heute geblieben ist!
Anselm IV, der sein Handwerk beim gleichnamigen Vater Anselm III, der sich als Kunstmaler in Rottach-Egern einen Namen gemacht hatte, gelernt hat, gründete bald darauf auf Langeoog eine Familie, wurde hier heimisch – und beruflich sehr erfolgreich. Zunächst half er im schwiegerelterlichen Betrieb, in der Diskothek „Givtbude", den er zehn Jahre lang eigenständig führte. Dann aber eröffente er an der Höhenpromenade sein eigenes Refugium, das „Atelier am Meer". Seitdem spätestens gehört der bayrische Wahlostfriese vom Tegernsee zu Langeoog wie der Wasserturm auf der Kaapdüne. Erste Sporen im Kunsthandel verdiente er sich unter dem Künstlernamen „Anselm" als begabter Porträtmaler von Clowns und Pantomimendarstellern wie Marcel Marceau, was den Insulanern damals immerhin eine Notiz samt Foto in der Kurzeitung wert war. Sein Motto: Vom Auge zum Herzen und vom Herzen zur Hand. Das Œvre umfasst demnach nicht nur die Dünen der Insel, sondern alles, was ihn irgendwie beschäftigt. Noch heute verkauft er seine Bilder, Drucke, Post- und Panoramakarten sowie „PopPos" (Kunstwerke zum Aufkleben aus witterungsbeständigem Aludipond) an begeisterte Urlauber, Filmstudios, Promis.
Seit 1978 bietet Anselm auch eine Ferienakademie an, in der er Gästen, großen wie kleinen, die Techniken der Pastell- und Ölmalerei vermittelt. Er ist als Dozent, der neben der Kurstätigkeit auch Lehr-DVDs anbietet, ebenso erfolgreich wie als Buch- und Kalenderautor und war als Mime in diversen Film- und Fernsehproduktionen zu sehen. Zudem stellte er immer wieder seine Werke aus. Sie fanden Eingang in deutsche und internationale Galerien, beispielsweise in München, London oder New York.
Längst ist die Familie mit in den „Betrieb" eingebunden – im „Bilderbuch" bietet die nächste Generation (Tochter Katja und Sohn Anselm V mit Partnern) „Kunst und Literatur am Meer" an. Hier finden Sie passende Urlaubslektüre, Kunstbedarfsartikel wie Farben oder Malblöcke, stilvolle Geschenkideen, Schönes für Kinder, Accessoires rund ums Buch, Lesezeichen oder Buchumschläge. Und natürlich fehlt auch, neben Vaters Kunstwerken, die Leselotte nicht, ein gemütliches Kissen! Enkelin Carmen ist als Volontärin ins Atelier eingestiegen. Die ausgebildete Friseurin und Maskenbildnerin soll 2017 die Arbeit des Künstlers fortsetzen.
Nicht vergessen anzuschauen: Vor dem „Bilderbuch" steht das kleinste Kunstmuseum der Welt mit „ständig wechselnden Ausstellungen" und „Einblick frei".

Standort: Warmbadweg 4

92 Neptuntaufe

Besänftigungsritual am Meeresstrand

Neptun, so heißt es, ist der Gott des Wassers und wird meistens mit einem Dreizack, Bart und langen Haaren dargestellt. Angeblich wohnt und regiert er mit großem Gefolge in den Tiefen der Weltmeere. Und wie das bei Göttern nun mal so ist, muss man eben auch ihm hin und wieder ein Opfer darbringen, ihm wenigstens ab und zu huldigen oder ihn jedenfalls von Zeit zu Zeit gnädig stimmen – vor allem die an den Gewässern Deutschlands tätigen Lebensretter von der DLRG (gegr. 1913). Und das geschieht an den Nord- und Ostseestränden die Küste auf- und abwärts, so auch auf Langeoog, indem Rettungsschwimmer, welche gerade ihren ersten Einsatz hinter sich haben, die sogenannte Neptuntaufe erhalten. Dazu müssen „die Neuen" einige mehr oder wenige schwierige und oft recht lustige Aufgaben erfüllen, zum Beispiel ein selbst zusammengereimtes Gedicht zu Ehren Neptuns aufsagen, „Wattwürmer" verzehren (zum Beispiel süßsaures Gummizeugs in Knoblauch- oder Chilimarinade eingelegt), sich bei einem Wattmatsch-Match bewähren, mit stinkendem Öl einschmieren oder bis zum Hals in den Sand einbuddeln lassen. Haben die Teilnehmer schließlich alle Aufgaben erfolgreich bewältigt, bekommen sie zusammen mit der Taufurkunde auch einen neuen „maritimen" Namen, etwa „quasselnde Qualle", „heiterer Hering" oder „garstige Garnele".
Den Brauch der Neptuntaufe kennt man, wenn auch eher in etwas anderem Sinne, weltweit unter Seeleuten. Die auch Äquatortaufe oder Linientaufe benannte Aktion ist angesagt, wenn jemand zum ersten Mal auf See den Äquator überquert, die Polartaufe geht dem erstmaligen Überqueren des Polarkreises voraus. Ursprünglich war das Ritual dafür gedacht, den jeweiligen „Delinquenten" etwas Mut zuzusprechen, denn früher dachte man, Passagen mit Überquerungen besagter Linien verliefen tendenziell tödlich. Selbst wenn man heute weiß, dass dem nicht so sein muss, ist die Lebensrettung auf und an der See noch immer Thema, besonders in den Sommermonaten, der „Saison". Das belegen die Einsätze am Strand von Langeoog 2015 in den statistisch erfassten Zahlen: 83 Rettungsschwimmer waren etwa 7500 Stunden im Einsatz und hatten 240-mal einfache und 16-mal schwere Erste Hilfe zu leisten. 28-mal mussten sie nach verlorenen geglaubten Kindern und 22-mal nach ebensolchen Eltern suchen. Zwei Einsätze galten dem Erretten vor dem Ertrinken.
Mit über einer halben Million Mitgliedern ist die Deutsche Lebens-Rettungs-Gesellschaft (Schirmherr: Bundespräsident) die größte freiwillige Wasserrettungsorganisation der Welt. Ein Engagement, dem oftmals der gesamte Sommerurlaub geopfert wird. Denken Sie mal daran, wenn Sie die rot-gelbe Flagge am Strand gehisst sehen und diese anzeigt: Rettungsschwimmer im Dienst. Irgendwie doch beruhigend, oder?

Standort Taufe: meist ca. Anfang September am Strand

93 Das Inselkino Windlicht

Cineastisches Vergnügen in Bonsai-Format

Die Kinogeschichte auf der Insel begann nicht erst in den Siebzigern mit dem Umzug zum heutigen Standort in eine ehemalige Villa, sondern reicht zurück in die Zeit, noch bevor Romy Schneider, Grace Kelly und Cary Grant große Kinogeschichte schrieben. Damals zeigte die „Langeooger Flimmerkiste“ im Hotel Flörke Filme in Farbe und auch das hochnoble Seehotel (heute Appartementhaus in der Barkhausenstraße) führte im großen Saal zweimal jeweils am Wochenende die beliebtesten Streifen jener Zeit vor.

Mitte der Fünfzigerjahre erhielt die Insel ihr erstes ortsfestes Kino mit 295 Plätzen, heute ist in dem Haus ein Lebensmittelladen ansässig. Im Sommer zeigte der Besitzer nun an allen Tagen in der Woche Filme, im Winter gab es an zwei bis vier Tagen Vorstellungen – das ehemalige Vorführgerät für die CinemaScope-Filme war noch bis 2011 in Betrieb, es steht heute als museales Erinnerungsstück im Kino und darf dort bestaunt werden.

1975 beschloss die Pächterfamilie, in einem damals hundert Jahre alten Gasthaus am Hospizplatz ein zweites Standbein mit zwei Sälen à 60 Plätzen aufzubauen, die Erweiterung dort auf 154 bzw 54 Plätze erfolgte 1992. Das neue Kino wurde zunächst nur während der Saison betrieben, es gab darin auch eine Bar, Tischchen am Platz – die Konzeption als Verzehr- und Servicekino (und von 1975 bis 1985 sogar als Raucherkino) war eine Zeit lang der große Renner. Einige Jahre liefen beide Kinobetriebe, bis vier Jahre später wegen zu hoher Pachtkosten das Kino in der Barkhausenstraße die Pforten schloss. Der Umzug mit Sack und Pack erfolgte nach einer Sturmflut im Winter 1979 auf Schlitten ein Stückchen weiter die Straße hinab in die bereits bestehenden Räume. Es nannte sich fortan „Windlicht“.

Als die erste Einrichtung wegen Verschleiß ersetzt werden musste, erwarben die Inhaber für den kleinen Kinosaal, der übern Daumen etwa sechzig Quadratmeter misst, eine gebrauchte Bestuhlung: Sie stammt aus einem stillgelegten Kino in Hamburg-Bergedorf. Dieses „Kuschelkino“ mit seinen handgeklöppelten kupfernen Lampenschirmen mit dem noch immer typischen Logo, dem Schiff, ist bis heute der cineastische Kult auf der Insel.

Zu Beginn der Neunzigerjahre wurde das Kino renoviert, die Gastronomie erweitert, doch die alte Bestuhlung im kleinen Kino blieb. Neu hinzu kam die Idee des Inhabers, die sich größter Beliebtheit erfreut – die Reibekuchen-Station (während der Saison und zu Silvester auf der Terrasse), an der sich donnerstagmittags Groß wie Klein satt essen kann!

Besonderer Tipp: klassisch mit Apfelmus oder auch mal mit Zuckerrübensirup genießen – oder die Variante mit Räucherlachs und hausgemachter Remouladensauce probieren!

Standort: Hospizplatz 7

94 Lazy Jack

Wenn die Inseljugend musiziert

„Musikfans schätzen Lazy Jack als spielfreudige Newcomer-Band, die einfach einen bestechenden Sound drauf hat“, so ist es im Inselblättchen „de Utkieker – brisenfrische Neuigkeiten von der Nordseeinsel Langeoog“ von 2013 nachzulesen. Und in der Tat, die junge Band bietet gute Musik! Und so fing es an…

Nur zwei Monate benötigten die vier Jungs im Mai 2013 von der Idee über die Namensfindung bis zur Gründung. Der erste Auftritt nach zwei Wochen intensiver Proben: beim Dörpfest. Der Stil: Rock Crossover, eigene Stücke mit Elementen von Hip Hop und Ska, rockig angehauchte Shantyversionen, viel Klavier, oft unplugged. Lazy Jack trifft dabei den richtigen Ton. Einen, der gut ankommt. Das bewies die Band auch auf dem jährlich stattfindenden „bunten Inselabend“ 2015 im Haus der Insel, einer Veranstaltung zugunsten der Stiftung „Musik auf Langeoog“. Sie kamen auf die Bühne, spielten den Song „Sam's gone away“, spontan von der Washhouse Company begleitet, dazu sangen einige vom Shantychor mit. Welch' ein Auftritt!

Seit ihrer Premiere spielen die Musiker, welche der Insel erst mal für längere Zeit entwachsen sind und am Festland studieren oder sich in der Ausbildung befinden, immer wieder mal bei Veranstaltungen – am Strand beispielsweise bei der Beachparty „Strandspaziergang“, in den Langeooger Kneipen oder auf der Straße mitten im Ort. Ihr Lieblingssong und zugleich sehr beliebt bei den Zuhörern: „Liebe“ von Moop Mama, einer Münchner Brassband.

„Der Spaß am Musikmachen steht im Vordergrund“, so Musiker Ole Deuter, künftiger Lehrer für Deutsch und Erdkunde, „aber es freut uns, dass wir damit sehr gut ankommen und mehr und mehr gefragt sind. Unsere Musik interessiert zudem auch die Langeooger.“ Und das nicht nur wegen der Grundverbundenheit, die den Inselbewohnern nachgesagt wird. Da sind sich neben Ole (Gitarre), auch Renke Hermes (Schlagzeug), Dirk Heutelbeck jun. (Gitarre/Gesang) und Michael Schlichting (Bass) ganz sicher. Sie sind seit frühester Kindheit befreundet und gemeinsam auf Langeoog aufgewachsenen – schon im Kindergartenalter rodelten sie teils gemeinsam im Winter mit dem Schlitten die Dünen hinab. Der Bandname hat übrigens, wie passend, einen Bezug zur maritimen Heimat und ist der Seemannssprache entlehnt. Ein Lazy Jack, auch Faulenzer genannt, ist demnach eine Leine, die auf Schiffen diagonal zwischen Mast und Baum gespannt wird und beispielsweise das Großsegel beim Segelbergen führt. Das erspart den Matrosen das manuelle Umlegen des Segelbaumes, was in Sturmnächten durchaus mal gefährlich werden kann. Mit dem Lazy Jack kann das Umlegen vom Cockpit aus gesteuert werden, die Mannschaft derweil in geschützten Räumen verbleiben.

Weitere Infos zu Veranstaltungen: facebook

95 Café Leiß

Sehen und gesehen werden

Alles begann mit einer Eisdiele, die „Heiner“ Heinrich Christian Leiß 1956 auf Langeoog eröffnete. Der junge Insulaner, welcher im Krieg als Marinesoldat auf einem U-Boot stationiert war, geriet 1944 in russische Gefangenschaft und hatte nach einem misslungenen Fluchtversuch sehr harte und schwere Jahre hinter sich. Doch der unbändige Wille, in die Heimat zurückzukehren, blieb ungebrochen. 1947 war es so weit. Er kam zurück auf die Insel – und kehrte ihr schon bald wieder aus beruflichen Gründen den Rücken. Doch schließlich machte er sich mit seiner Eisdiele dort selbstständig.

1958 wurde daraus das Café mit der berühmten Messing-Fisch-Türklinke, welches bald nach Eröffnung – und das bis zum heutigen Tage – der Szenetreff mitten auf Langeoog ist, für die Einheimischen ebenso wie für die Gäste ein beliebter Treffpunkt. Wer bei einem Inselbesuch nicht im Café Leiß eingekehrt ist, so heißt es unter den Stammgästen, der hat auf Langeoog etwas gründlich verpasst. Längst ist das Café in andere Hände übergegangen und ein versierter Konditor sorgt für ein vielfältiges Kuchenangebot aus eigener Herstellung, den Jahreszeiten jeweils angepasst und mit Anbietern, Zutaten und Rezepturen möglichst aus regionalen Gefilden. Natürlich fehlt auch sie nicht auf der Karte: die „berühmteste Ostfriesin“ und einzigartige Spezialität des hohen Nordens, die Rumflockentorte aus Brand- und Mürbeteig, Kirschkompott, reichlich Sahne und einer ordentlichen Portion – Rum! Doch leckeres Eis gibt es bei „Leiß“ immer noch. Dazu kamen im Laufe der Zeit weitere kulinarische Angebote und auch einige Cocktails – zum Beispiel der über alle Wasserkanten hinweg bekannt gewordene „Eisberg“ (siehe auch Kapitel 74). Ansonsten hat sich seit „Heiners“ Zeiten nicht allzu viel verändert. Der nostalgische Charme der Sechziger wabert beinah zeitlos durch die Räume – ohne dass diese dabei antiquiert oder verstaubt wirken. Des Eigentümers Jagdleidenschaft ist teils noch im Holzmobiliar zu erkennen, unzählige Kaffeemühlen zieren die Räume ebenso wie einige Kronleuchter, blauweiß geflieste Wandstücke oder großformatige Drucke von Postkarten mit Motiven, die an das Inselleben früher erinnern.

Bronzestatuen vor dem Café und nebenan vor dem Bernsteinladen künden noch von der einstigen Liebhaberei des Inhabers, dessen Name das Café heute noch trägt. Einige Zeit betrieb er direkt neben der Arztpraxis seiner rheinländischen Frau (mit französischen Wurzeln) Gerta Leiß Petitjean, die auf der Insel als Medizinerin tätig war, im Hinterhaus zusätzlich einen Kunstgewerbeladen. Die Exponate dafür fand er auf vielen verschiedenen Handwerksmessen. Leiß entstammte einer alten Kapitänsfamilie; eine der Statuen, er hatte sie seinerzeit extra in Auftrag gegeben, zeigt daher ein Mitglied der Familie, eine andere Petrus, den Menschenfischer.

Standort: Barkhausenstraße 13

96 Die Maljans

Giebel mit Bannzier gegen böse Mächte

Überall sind sie zu sehen, die teils ornamentreichen Häusergiebel mit ihren in den Himmel ragenden Spitzen. Doch was hat es mit den Dachverzierungen, die sich im Ostfrisieschen Maljans nennen, tatsächlich auf sich?
Der Maljan, auch Bram, Brandstang, Brant, Donnerbesen, Firstpfahl, Firstspitze, Geck, Giebelpfahl, Giebelspieß, Husbrand, Neidstange oder Wendenknüppel genannt, gehörte früher traditionell fast an jedes Haus und ist in halb Europa bekannt. Er ist sozusagen ein Übergangsholz zwischen First und „Stirn des Hauses", dem sogenannten Ortgang, der den seitlichen Abschluss der Dachfläche zum Giebel hin bildet und das Ende der Dachtraufe mit dem des Dachfirstes verbindet. Meist ist dieser nur als kurzer Stab gearbeitet, häufig sieht man ihn jedoch auch als reich verziertes Brett, welches den First deutlich überragt. Oft sind Maljans und die direkt darunter liegende Giebelspitze mit dem (meist darunter noch zu findenden „Eulenloch") mit blumenartigen Motiven wie Ranken und Blumen, Sternen, Monden, Herzen oder Tieren verziert. Der Begriff Maljan stammt aus dem ostfriesisch-plattdeutschen Sprachgebrauch. Das Wort „mall" (mit langem a) hat verschiedene Bedeutungen und meint beispielsweise Attribute wie wunderlich, verrückt oder schlecht. Verbunden mit dem Begriff Jan, in der germanischen Mythologie wohl eine Verballhornung des Namens Odin (Wotan), kann man den Begriff am ehesten mit „wunderlicher Kerl" übersetzen. Dieser ist in seiner Funktion jedoch nicht nur eine konstruktive Gegebenheit fürs Dach, sondern dient als uraltes Beschwörungs- und Abwehrzeichen, die „Lanze des Hauptgottes", welche die betreffende Wohnstatt und ihre Bewohner vor Not und Unglück wie Zerstörung durch Naturgewalten, Unfälle, Hungersnöte oder Krankheiten bewahren sollte – und noch immer soll.
Bekannt sind Maljans nicht nur in Ostfriesland. Das geschlossene, fast 500 Häuser umfassende Fachwerkensemble des niedersächsischen Städtchens Celle beispielsweise zeigt einige Giebelspieße, obwohl gerade die Bauernhäuser in jener Gegend für gekreuzte Pferdeköpfegiebel (Odins Pferde) bekannt sind. Man kennt die „wunderlichen Kerle" (teils unter anderen Bezeichnungen) auch an Häusern in der Schweiz, in England und vor allem den Niederlanden, wo gern Schwäne zur Verzierung verwendet wurden – möglicherweise eine stille Mitteilung der religiösen Ausrichtung seiner damaligen Bewohner, denn der Schwan ist das Symbol Luthers.
Auch heute noch werden landesweit Maljans verbaut, besonders beliebt jedoch sind sie hierzulande auf Langeoog! Dort finden sich – wieder – viele Inselhäuser mit dem beschwörenden Zeichen auf dem First. Es sind vielleicht nicht immer ganz detailgetreue Nachbauten, doch absolut sehenswert sind sie allemal, vor allem, weil Sie jetzt auch deren Bedeutung kennen!

Standorte (Auswahl): Willrath-Dreesen-Straße, Barkhausenstraße, Kirchstraße, Neuer Wall

97 Mit Pferden die Insel erkunden

Freiheit, Ehe, schönes Land

Das Glück der Erde liegt bekanntlich auf dem Rücken der Pferde – und das natürlich weltweit, klar. Aber bei untergehender Sonne den Strand entlangpreschen und dabei den Inbegriff von Freiheit spüren? Das ist nicht überall möglich! Aber auf Langeoog! Ob Sie dafür aufs eigene Pferd steigen oder sich geführten Gruppen mit Inselpferden anschließen, ist dabei einerlei. Allerdings sollten Sie geübt sein. Erfahrung im Reiten und Sattelfestigkeit in allen Gangarten ist wichtig und Sie müssen dafür auch ein fremdes Pferd sicher kontrollieren können. Ausdauer im leichten Sitz über längere Strecken sollten Sie ebenfalls zeigen – die angebotenen Strandausritte dauern etwa anderthalb Stunden und führen durch die Langeooger Wiesen, das Wäldchen und die Dünen zum Strand.
Besondere equine Insel-Highlights: das Reiterfest sowie die „Fuchsjagd" stets im September, bei der natürlich kein echter Fuchs gejagt wird, aber es dafür hoch zu Pferd vom Westen der Insel aus den gesamten Strand entlang bis zur Meierei ganz im Osten hinaus geht. Reiterfreude pur!
Doch auch an Anfänger und weniger Hippo-Versierte ist gedacht – die Reitställe auf der Insel bieten für jedes Niveau „das Glück auf dem Pferderücken" an. Selbst die ganz Kleinen können beim Ponyreiten schon ihre ersten Erfahrungen machen. Wem der Pferderücken zu suspekt ist, dem sei eine Kutschfahrt – es gibt mehrere Kutschenbetriebe auf der Insel – als gute Alternative empfohlen. Sie können sich beispielsweise bei Ankunft samt Gepäck per Pferdekutsche, teils mit Chassis und Verdeck, zu Ihrem Quartier bringen lassen, mal einfach so ins „Friesentaxi" am Bahnhof steigen oder eine Ausflugsfahrt im Planwagen mitmachen. Dabei zuckeln Sie gemütlich an Sehenswürdigkeiten wie Melkhörndüne oder Vogelbeobachtungsstation vorbei bis hin zur Meierei, wo Sie in Ruhe einkehren und/oder die Gegend drum herum erkunden können. Für so manche Inselbesucher ist die dreistündige Meiereifahrt hin und zurück inklusive frischer Brise, herrlicher Landschaft und Blick aufs Wattenmeer in jedem Langeoog-Urlaub ein absolutes Muss, schließlich hat der Kutscher dabei so einiges zu erzählen.
Oder aber wie wäre es mit einer Inselrundfahrt per Kutsche? Mit ein wenig Naturkunde, netten Inselgeschichten und witzigen Anekdoten gewürzt, führt die einstündige Tour zu den wichtigsten Sehenswürdigkeiten Langeoogs. Und natürlich können Sie auch eine Kutsche mieten – für eine individuelle Fahrt, etwa zum Hafen, oder natürlich auch für den Tag aller Tage, an dem Sie ganz standesgemäß in einer offenen oder geschlossenen, weißen oder schwarzen Hochzeitskutsche vorfahren können!

Reiten / Kutschfahrten: Kuper, To’n Peerstall, Uwe’s Pferdemobil, Langeooger Kutschfahrten, Kutschfahrten Vogel, Kutschfahrten Wilts

98 Alte Läden

Von Seife, Silber und Spielzeug

So manches Gebäude steht lange auf der Insel – wie das ab 1863 am Bahnhof von dem Krämer Johann Adam Leiß als erstes Hotel und nach hohem Besuch benannte „Zum Prinzen Schaumburg-Lippe". Besagter Prinz hatte sich mit seinem König überworfen und reiste daher erbost von Norderney ab, dem Sylt jener Zeit, und quartierte sich stattdessen auf Langeoog ein …

Auch einige traditionelle Ladengeschäfte sind von Langeoog kaum wegzudenken – die Buchhandlung am Wasserturm feierte schon manche Jubiläen, der Bioladen „De Grönhöker" oder das Modegeschäft Buddelei sind inselprägend, die Stöberecke von „Frau Wolle" ist über dreißig Jahre hier zu finden – und seit 2014 als Gombelstuuv unter neuer Leitung. Oder die Schmuggelkiste der Familie Recker, die bereits seit den Siebzigern das Herz aller Teilzeitmatrosen und Hobbypiraten erfeut. Dort finden Freunde der maritimen Lebensart fast alles, was man sich wünschen kann – Fernrohr, Galionsfigur, Schiffsglocke und noch vieles mehr. Beim Angebot der Inselgoldschmiede, welche ursprünglich sogar noch etwas eher da war und heute in denselben Räumlichkeiten zu finden ist, werden indes eher die Damen schwach. Hier gibt es schönen Schmuck, mit und ohne „Meer-Touch", Silberstücke mit Muscheln, vieles mit Bernstein oder, neuester Trend, den Langeoog-Ring. Und trotzdem – der Ladenrenner ist und bleibt die Inselbahn en miniature, einst von Eva Recker etnworfen.

Doch noch richtig alt und ehrwürdig ist nur ein Laden auf Langeoog, nämlich Fokko Gerdes, 1883 als Geschäft für Andenken, Badebedarfsartikel und Schreibwaren gegründet und seitdem merkantiler Kult für eine Generationen übergreifende Kundschaft. Hier gab (und gibt es auch heute noch) fast alles und nicht umsonst wurde der Laden irgendwann mal von Gästen „Haus der 1000 Kleinigkeiten" genannt, egal ob Bademützen, Backformen, Steifftiere, Luftballons, Nähzeugs, Schuhlöffel, Weckgläser, die gute alte Speickseife, die (Kult)Creme 21 bis hin zu Teekanne, Pfanne, Schuhlöffel, Wäschespinne, Dübel oder Schlagbohrer. Und so bunt zusammengewürfelt wurde die Ware auch jahrzehntelang in den geradezu legendären Auslagen präsentiert. Was nicht vorrätig ist, wird heutzutage mühelos bestellt, egal ob es um ein Permuttlöffelchen oder einen Rasenmäher geht – und zwar ohne weiteren Frachtaufschlag. Über allem wacht in einer Regalecke der Plüschhund Lux, der an die echten Schäferhunde erinnert, welche früher stets im Geschäft „mithalfen".

Was Kurt Gerdes, der den Laden nach seinem Vater Fokko benannte, als Siebzehnjähriger 1883 begann, führt heute seine Urenkelin Hilke weiter, die Psychologie und BWL studiert hat und seit 2013 das Geschäft in erweiterten Räumen führt. Schriftzug, Flügeltür und die vordere Inneneinrichtung vom Holzboden und dem Tresen bis zur Kasse erinnern an die Anfänge, doch das Sortiment hat sich der Neuzeit angepasst. Ein Schwerpunkt liegt heute auch auf Dekoware. Doch Speickseife gibt's noch immer. Schrauben auch. „Und zwar auch einzeln", so die neue Inhaberin, die das Traditionsgeschäft liebevoll um den Zusatznamen „Dat lüttje Koophus" ergänzt hat.

Standorte:

Altes Logierhaus: Fährhusweg
Buchhandlung: Am Wasserturm 14
Bioladen: Barkhausenstraße 8
Wollladen: Kirchstraße 16
Schmuggelkiste und Inselgoldschmiede: Am Wasserturm 3
Fokko Gerdes: Hauptstraße 2

99 Inselschmetterlinge

Zarte Schönheiten am Wegesrand

Man mag es bei dem vorherrschenden rauhen Nordseeklima kaum glauben, doch so manche Falterarten waren oder sind (wieder) nur auf dem Festland in Küstennähe und den Inseln zu finden – und dürfen sich damit als waschechte Ostfriesen bezeichnen. Der Salzwiesensackträger beispielsweise war zuletzt in den Dreißigerjahren auf Borkum gesichtet worden. Dass er wieder gefunden wurde, ist dem Diplom-Biologen Carsten Heinecke zu verdanken, der durch Förderung der Niedersächsischen Wattenmeerstiftung für den NABU in jahrelanger Forschungsarbeit die Schmetterlingsfauna der ostfriesischen Inseln zusammengetragen und die Ergebnisse 2015 in Buchform veröffentlicht hat. Der Band ist einzigartig – 82 Schmetterlingsarten, Erstnachweise oder Wiederfunde, werden abgebildet, beschrieben, und ihr Vorkommen in den verschiedenen Stadien als Raupen und später als Falter dokumentiert.

Der Kleine Perlmuttfalter mit den typischen permuttfarbenen Farbklecksen auf der Unterseite der Flügel beispielsweise mag die heißen Julitage im Schlopp, sein großer Bruder, der Mittlere Perlmuttfalter, liebt die maritime Luft auf Distelblüten, im Pirolatal ist das Gemeine Grünwidderchen zuhause. Die elegant gezeichnete Achateule snackt gerne mal an Strandastern in den Salzwiesen, auch der Kleine Fuchs mag diese floristische Vielfalt und der Admiral ebenfalls – dazu präferiert dieser spätsommerliche Sonnenbäder und nippt dabei gelegentlich mal ein Häppchen vom Strandasternektar. Ob Raupe oder Falter vom Braunen Bären, Schwan, Abendpfauenauge, Wolfsmilchspinner, Kleinen Wiesenvögelchen, Gemeinen Bläuling, Sumpfhornklee-Widderchen oder Strand-Halmeulchen, sie alle fühlen sich wie viele weitere flattrige Kollegen auf Langeoog – wie auch auf den anderen Inseln – gleichermaßen wohl.

Der deutsche Name Schmetterling ist seit 1501 belegt und leitet sich von dem Begriff Schmand ab, dem die Tiere grundsätzlich alle zugeneigt sind. Früher dachte man daher, Schmetterlinge seien möglicherweise verzauberte Hexen, die den Rahm stehlen wollten. Daher gibt es in manchen Gegenden dafür auch noch die alten Namen wie Milchdieb oder Molkenstehler. Auch die englische Bezeichung butterfly erinnert an diese Vorliebe der Tiere. Es gibt von ihnen über 160.000 Arten, welche in etwa 130 Familien und fast fünfzig Überfamilien unterteilt werden. In Deutschland kennt man ungefähr 3700 Arten. Jährlich werden weltweit etwa siebenhundert neue Arten entdeckt und viele von ihnen tragen sehr lustige, doch prägnante Namen wie beispielsweise Blassstirniges Flechtenbärchen oder Ockerfarbener Steppenheidenspanner. Mit Heineckes Buch unterm Arm, das zugleich auch praktische Hinweise und Anleitungen zu den Lepidoptera (lateinische Bezeichnung) gibt, zur richtigen Zeit zur richtigen Stelle – schon ist man mittendrin in der Langeooger Falterexkursion!

Standorte: Pirolatal, Salzwiesen, Dünen

100 Das Fischgeschäft

Wir sind da, wo der Fisch ist

Klettes auf Langeoog essen an Heiligabend nicht, wie in vielen Familien hierzulande üblich, Würstchen und Kartoffelsalat, sondern, solange sie nur zurück denken können – jedenfalls definitiv seit 1990 – feine Gambas. Erst wurden die Monodon monodon, so der wissenschaftliche Name für die Tiere, welche ohne Kopf als Scampi, Kaisergranat oder King Prawns gehandelt werden, bei ihnen mit Brandy flambiert genossen, weil die Kinder das so schön fanden mit dem blauen Licht, später kamen sie mit einer feinen Sauce auf die weihnachtlich-festlich gedeckte Tafel. Besagte Kinder sind längst erwachsen, doch leckere Gambas gibt es im Hause Klette noch immer – und seit 2013 sind sie auch auf der Speisekarte der Fischkombüse zu finden, dem Fischrestaurant, welches die Familie zusammen mit dem Fischgeschäft seit vielen Jahren auf der Insel betreibt. Angeboten wird (nur auf Vorbestellung) „Lecker für Zwei" – Gambas, große Seewassergarnelen, 1 kg Rohware, ca. 13 – 15 Stück, in der Pfanne gebraten. Dazu werden große Lätzchen verteilt, damit die Kleidung keinen großen Schaden in Form von gelblichen Flecken nimmt, gegessen wird am besten mit den Fingern …

Mit dem Fischgeschäft fing 1984 alles an. Im Angebot waren zunächst fangfrische Fische direkt vom Kutter, wie Scholle, Seezunge oder Steinbutt, dazu geräucherte Fischsorten, Saucen und diverse Salate – alles selbst gemacht und das bis zum heutigen Tage. Legendär ist der Knoblauch-Dipp, der gern zu Baguette und beides zusammen natürlich auch zu den Gambas gereicht wird. Diese werden übrigens in einer Gewürzmischung, die „Feuer unterm Hintern macht", mariniert, dann unter anderem in Sojasauce, Kokosmilch, Thai-Curry, Chili und Szechuanpfeffer gegart – eine zusammen mit einem Freund der Klettes und Gewürzkenner selbst entwickelte Rezeptur und der singalesischen Küche entlehnt. Serviert werden die Gambas schließlich mit Reis und Djakarta-Gemüsemischung zu der auch Wasserkastanie zählt. Wer sich eher für ein Fisch-Picknick am Strand erwärmen mag, kann sich einen Korb für Zwei zusammenstellen lassen und mitnehmen. Da ist alles drin, was das Herz begehrt – von Fisch, klar, bis zu Brotauswahl, Wasser und Wein, sogar klarem Sanddorn, dazu Geschirr und Besteck.

Die Öffnungszeiten des Fischgeschäftes werden übrigens seit Juni 2006 auch durch eine Fisch-Cam, welche bei Gästen für Urlaubsgrüße nach Hause sehr beliebt ist (keine Speicherung), auf humorvolle Weise dokumentiert:

Wetter gut – Tür zu = Sonntag
Wetter gut – alle traurig = ausverkauft
Lange Schlange – Tür zu = verschlafen
Bilder hell – Laden weg = Nebel
Bilder dunkel – Tür auf = Einbrecher
Bilder dunkel – Tür zu = Nacht

Standort: Fischgeschäft und Fischkombüse: An den Bauhöfen 2

Nachwort

An dieser Stelle bedanke ich mich sehr herzlich bei allen, die mir bei meinen Recherchen geholfen haben, besonders natürlich bei allen LangeoogerInnen, die sich meinen Fragen gestellt, mir mit Engagement und Auskunftsfreudigkeit Rede und Antwort gestanden und natürlich als inselkundige „Fachmänner und Fachfrauen“ die meisten Kapitel gegengelesen und bei Bedarf auch korrigiert haben. Mein Dank gilt dem Bürgermeister ebenso wie den MitarbeiterInnen der Gemeinde- und Kurverwaltung von Langeoog, meinen „ZuarbeiterInnen“ in verschiedenen Archiven und Museen, den Bibliotheken und ganz besonders den MitarbeiterInnen der Stadtbibliothek und Fernleihstelle in Celle, den Kirchengemeinden, Firmen, Vereinen, Institutionen, Organisationen sowie der regionalen Presse, die uns zudem mit einigen Fotos ausgeholfen hat.
Ich danke allen, die mir mit Tipps und Ratschlägen halfen, mir Artikel, Bücher, Zeitschriften, Akten und sonstige Unterlagen zur Verfügung gestellt haben.
Ich danke auch Herrn Wolfgang von Rekowski, der obwohl (wie ich) in Celle ansässig, die Insel sehr gut kennt und demzufolge wie in den ersten Bänden „100 besondere Orte in Celle“ und „100 besondere Orte im Cellerland“ wieder fürs Korrekturlesen verantwortlich war.

Für meine Beschreibungen habe ich sehr viel recherchiert, in Archiven gewühlt, Geschriebenes und Gedrucktes eingehend studiert und themen- und sachrelevante Informationen zu erwähnten Personen, Gegenden, Einrichtungen, Institutionen und Gegenständen einbezogen und mit eigenen Worten wiedergegeben.
Ich habe mich nach bestem Wissen und Gewissen um eine richtige Darstellung bemüht und mir alles gründlich angesehen. Sollten mir Fehler untergekommen sein, bitte ich um Zuschriften mit sachlichen Korrekturhinweisen, gerne auch mit interessanten Anregungen, Rat- oder Vorschlägen über Email an:

cosima@cos21.de

Quellenverzeichnis

- 30 Jahre Shantychor Langeoog 1985 – 2015, „de Flinthörners" mehr als nur ein Shantychor, Osnabrück 2015
- Andersen, Lale: Der Himmel hat viele Farben, Stuttgart o. D.
- Arends, Silke, Reiseführer Ostfriesische Inseln, Hamburg 2012
- Banck, Claudia, Ostfriesische Inseln & Nordseeküste, Dumont Reisetaschenbuch, Ostfildern 2015
- Backhaus, Heinrich, Baron Dieter K., Dircksen, Rolf, Feldmann, Reinhold W., Strüp, Werner, Winklert, Horst: Langeooger Inselführer, Stauffenberg 1 1977
- Blümcke, Sigurd: Wir liebten nur einen Sommer, Jugend, Widerstand und Haftzeit 1944 – 52, Gelnhausen 2014
- Bötig, Klaus: Ostfriesische Inseln, Marco Polo, Ostfildern 2013
- Bruns, Antje: Insel- und Küstenschutz in Niedersachsen: Das Beispiel Langeoog, Saarbrücken 2008
- Delfmann, Heinrich: Hitlerjungen auf Langeoog, Heimatlese, Juni 1937, 5. Jahr, Heft 9, Oldenburg 1937
- Deutsche Gesellschaft zur Rettung Schiffbrüchiger (Hrsg.): Katastrophen auf See, Packeis vor Langeoog, Bremen 1963
- Diers, Knut: Ostfriesland , 66 Lieblingsplätze und 11 friesische Originale, Meßkirch 2012
- Düwel, Alice: Was machen wir morgen, Mama? Östliches Ostfriesland mit Spiekeroog & Langeoog: Erlebnisführer für Kinder und Eltern, Rostock 2014
- Eilker, Georg: Flora der Nordseeinseln Borkum, Juist, Nordernei, Baltrum, Langeoog, Spiekeroog, Wangeroog, Emden 1884
- Eucken, Rudolf Christoph: Lebenserinnerungen: Ein Stück deutschen Lebens, Leipzig 1922
- Eucken, Rudolf Christoph: Der Sinn und Wert des Lebens, Leipzig 1922
- Eucken, Rudolf Christoph: Mensch und Welt, Eine Philosophie des Lebens, Leipzig 1923
- Eucken, Rudolf Christoph: Erkennen und Leben, Berlin und Leipzig 1923
- Evangelisch-lutherischer Kirchenvorstand Langeoog (Hrsg.): Das neue Altarbild in der Langeooger Inselkirche, Kommentare, Meinungen, Informationen, Langeoog 1991
- Evangelischer Hilfsverein e. V., Hannover (Hrsg.): Ich berge dich im Schatten meiner Hände, ein baltischer Leidensweg, zusammengestellt von Ewert von Krusenstjern im Auftrag der Deutsch-Baltischen Landesgemeinschaft im Bundesgebiet e. V. Darmstadt 1985, Wedemark 2001
- Hanewaldt, Roland: Nordseeinsel Langeoog, Reise Know-How, Bielefeld 2012
- Hars, Silke: Langeoog, Rezepte aus der Inselküche, Husum 2015
- Hausmann, G. (Hrsg.): Langeooger Liederbuch, Bielefeld 1983

- Hartmann, Werner: Juden in Halberstadt, Zur Geschichte und Ende einer ausgelieferten Minderheit, Band 2, Halberstadt 1991
- Heeger, Thomas: Quallen, Gefährliche Schönheiten, Stuttgart 2004
- Heinecke, Carsten: Schmetterlinge der ostfriesischen Inseln, Eine Anleitung für Entdecker, Schriftenreihe Nationalpark Niedersächsisches Wattenmeer Band 14, Wilhelmshaven 2015
- Hiller, Arnold: Lehrbuch der Meeresheilkunde, für Aerzte und gebildete Laien, Berlin 1913
- Hönig, Hans Otto: Langeooger Miniaturen, Jever 1970
- Hoffrogge, Peter: Verwehte Spuren – Strandungen auf Langeoog, Jever 1989
- Horstkotte, Erich: Kleine Insel der großen Wunder, aus der Tierwelt Langeoogs, mit Zeichnungen des Verfassers, Löhne-Obernbeck 1970
- Hube, Jürgen: Von Ostpommern nach Ostfriesland!, Leer o. D.
- Huggler, Max: Max Böhlen, Frauenfeld, Schweiz, 1973
- Jürgens, Hans-Jürgen: Zeugnisse aus unheilvoller Zeit, Ein Kriegstagebuch über die Ereignisse 1939 – 1945 im Bereich Wangerooge-Spiekeroog-Langeoog sowie die Lage im Reich und an den Fronten, Jever 1991
- Junk, Helmut: Todesursache allgemeine Körperschwäche, Arbeitskommando 7 – sowjetische Kriegsgefangene auf Langeoog 1941/42, Bremen 2013
- Kaule, Martin: Nordseeküste 1933 – 1945, historischer Reiseführer, Berlin 2011
- Kloster Loccum und Hospizbetriebe GmbH Hannover (Hrsg): Langeoog und sein Inselhospiz. 100 Jahre Hospiz des Klosters Loccum 1885 – 1985, Hildesheim 1985
- Künnemann, Thorsten D.: Salzwiesen, Überleben zwischen Land und Meer, Oldenburg 1997
- Kürtz, Jutta: Kleines ABC des niedersächsischen Wattenmeers. Husum 2008
- Kunze, Rolf-Ulrich: Langeoog. Eine historische Erzählung, 1930 – 1980, Technikdiskurse, Karlsruher Studien zur Technikgeschichte Nr. 10, Karlsruhe 2013
- Kurverwaltung des Nordseeheilbades Langeoog (Hrsg.): Langeooger Kurzeitung, offizielles Mitteilungsblatt der Kurverwaltung, Kurgastliste und Veranstaltungsprogramm, Jahrgänge 1938 – 1939, 1965, 1967 – 1970
- Langeoog News, Die Wochenzeitung für die Insel, Monats- und Jahreshefte 2010 – 2015, Osnabrück 2010 – 2015
- Loock-Braun, Manon: Unterwegs auf Langeoog, Naturkundlicher und kulturhistorischer Inselspaziergang, Husum 2011
- Maasberg, Ute, Prinz, Regine: Die Neuen kommen! Weibliche Avantgarde in der Architektur der zwanziger Jahre, Hamburg o. D.
- Maurer, Hans (Hrsg.): Die „Berner Schule“, Eine Privatsammlung, Bern 2008
- Mering von, Klaus, Kiesé, Detlev: 100 Jahre Inselkirche Langeoog – Wissenswertes, Hintergründiges und Vergnügliches aus Langeoogs Vergangenheit, Esens 1990
- Ostfriesland Magazin, Langeoog-Special, Norden 2009
- Obstfeld, Familie: Langeoog, Chronik einer ostfriesischen Insel, Langeoog 1995

- Pöppelmeier, Klaus: Salzwiesen, Pricken und Labskaus, Oldenburg 2008
- Runge, F.: Kleiner Langeoog-Führer, Rheine 1986
- Ramm, Heinz: Dachzier in West- und Ostfriesland, Schwanenhals und Maljan, Zeitschrift für Kultur, Wirtschaft und Verkehr, Heft 2, Leer 1982
- Reckers, Eva: Langeoog hat viele Gesichter, Achim o. D.
- Scheidgen, Ilka: Gabriele Wohmann, Ich muss neugierig bleiben, Lahr 2012
- Schepker, Hildegard: Langeoog, Norden 2015
- Schreiber, Ingolf: Kindheit und Jugend eines Insulaners, Langeoog 2014
- Schröter, Jan: Langeoog, die Nordseeinsel entdecken und erleben, Karlsruhe 2010
- Schulenburg von der, Tisa: Ich hab's gewagt, Bildhauerin und Ordensfrau, Ein unkonventionelles Leben, Freiburg 1993
- Stracke, Johannes: Maljan, Zeitschrift für Kultur, Wirtschaft und Verkehr, Heft 3, Leer 1960
- Tongers, H.J.: Die Nordsee-Insel Langeoog und ihr Seebad, Norden 1892
- Tongers, Habbo: Grüße aus Langeoog, 100 Ansichten von anno dazumal, Borkum 1982
- Tongers, Habbo: Langeoog, Ansichten und Einsichten, 100 Ansichtskarten und Fotografien von anno dazumal, Borkum 1995
- Tongers, Habbo, Freimuth, Remmer: 150 Jahre Nordseeheilbad Langeoog, Esens 1980
- Tongers, Johann: Unser Langeoog, Wittmund 1951
- Tschepe, Eberhard: Langeoog, Fotografische Skizzen eines Inselsommers, Bamberg 1962
- TU Wien, Fakultät für Architektur und Raumplanung (Hrsg.): Die Architektin Lucy Hillebrand. Ein interdisziplinärer Dialog über Raumschriften als Weg zur sozialen Gestaltung von Räumen, Dissertation Edeltraud Haselsteiner, PDF, Wien 2005
- Weinbecker, Jan und Birte: Von Weltreisenden, Flugkünstlern und Rolling Stones – Langeooger Vögel im Portrait, Esens 2015
- Wilke, Michael: Künstlerkind I, Berlin 2010
- Wilke, Michael: Künstlerkind II, Jugendjahre, Berlin 2011
- Wilke, Michael: Künstlerkind III, Penzberg 2013
- Witt, Eg: Jedes Jahr Langeoog – Inselgeschichten, Gudensberg-Gleichen 2009
- Wohmann, Gabriele: Paulinchen war allein zu Haus, Darmstadt 1981
- Wohmann, Gabriele: Entziehung, Darmstadt 1974
- Wohmann, Gabriele: Eine souveräne Frau, Berlin 2012

In der Reihe sind bereits erschienen:

- 100 besondere Orte in Celle
- 100 besondere Orte im Cellerland

In der Reihe werden demnächst erscheinen:

- 100 weitere besondere Orte in Celle
- 100 besondere Orte im Hegau
- 100 besondere Persönlichkeiten in Celle

Fotohinweise

- Kapitel 26, 47, 60, 74, 75, 78, 82, 84: Langeoog-News
- Kapitel 40: Helge Bents
- Kapitel 52: Schadinsky Verlag
- Kapitel 70: eakkachai69@fotolia.com
- Kapitel 79: exclusive-design@fotolia.com

Alle weiteren Fotos: Ulrich Loeper, Celle

Eine Gegend und ihre Orte unterliegen ständig Veränderungen. Ich übernehme für meine ausgewählten „Orte“ daher keine Gewähr. Ich hoffe, dass Sie alles, was Sie sich anschauen möchten, wie beschrieben vorfinden mögen. Auf meiner Homepage habe ich eine Seite eingerichtet, auf der Sie mir bekannte Veränderungen nachlesen können:
www.cos21.de/cos21-regionalia/aktuelles-zu-den-orten/

Cosima Bellersen Quirini
Celle, im Frühjahr 2016

Für aktuelle Informationen zu den Orten scannen Sie bitte den QR-Code.

Zur Autorin

Cosima Bellersen Quirini, geboren in Freiburg/Breisgau und in Singen, in der Nähe des Bodensees aufgewachsen, lebt in Celle – und kennt Langeoog, seitdem sie 1987 die Insel erstmals besucht hat.
Sie ist mit einem Mediziner verheiratet, der als Bielefelder „Ratsschüler" unzählige Schulfreizeiten auf Langeoog verbrachte, und hat eine große Familie. Seit einigen Jahren arbeitet die ausgebildete Buchhändlerin überwiegend als Autorin und Journalistin. Ihre Themen sind Regionalia, Geschichte, Medizin, Krimi, Liebe und Lyrik, sowie alles rund um das Thema „Selber machen" – von A wie Aprikosenölseife bis Z wie Ziegenkäse.

www.cos21.de

Zum Fotografen

Ulrich Loeper, geboren in Celle, verbrachte seine Kindheit im Neustädter Holz (AGFA Click), die Jugend am Billung (Praktika LTL), gewann geistigekulturelle Einblicke an der Uni Hamburg (Yashica FR I), erste professionelle Fotoschritte im Studio Hamburg (Contax RTS), Elternzeit mit zwei Kindern in Celle (Mamiya RB/RZ 67). Seit 1985 Fotograf für Museen und Sammlungen, Industrie und Werbung (Sinar/LEAF).

www.fotostudio-loeper.de

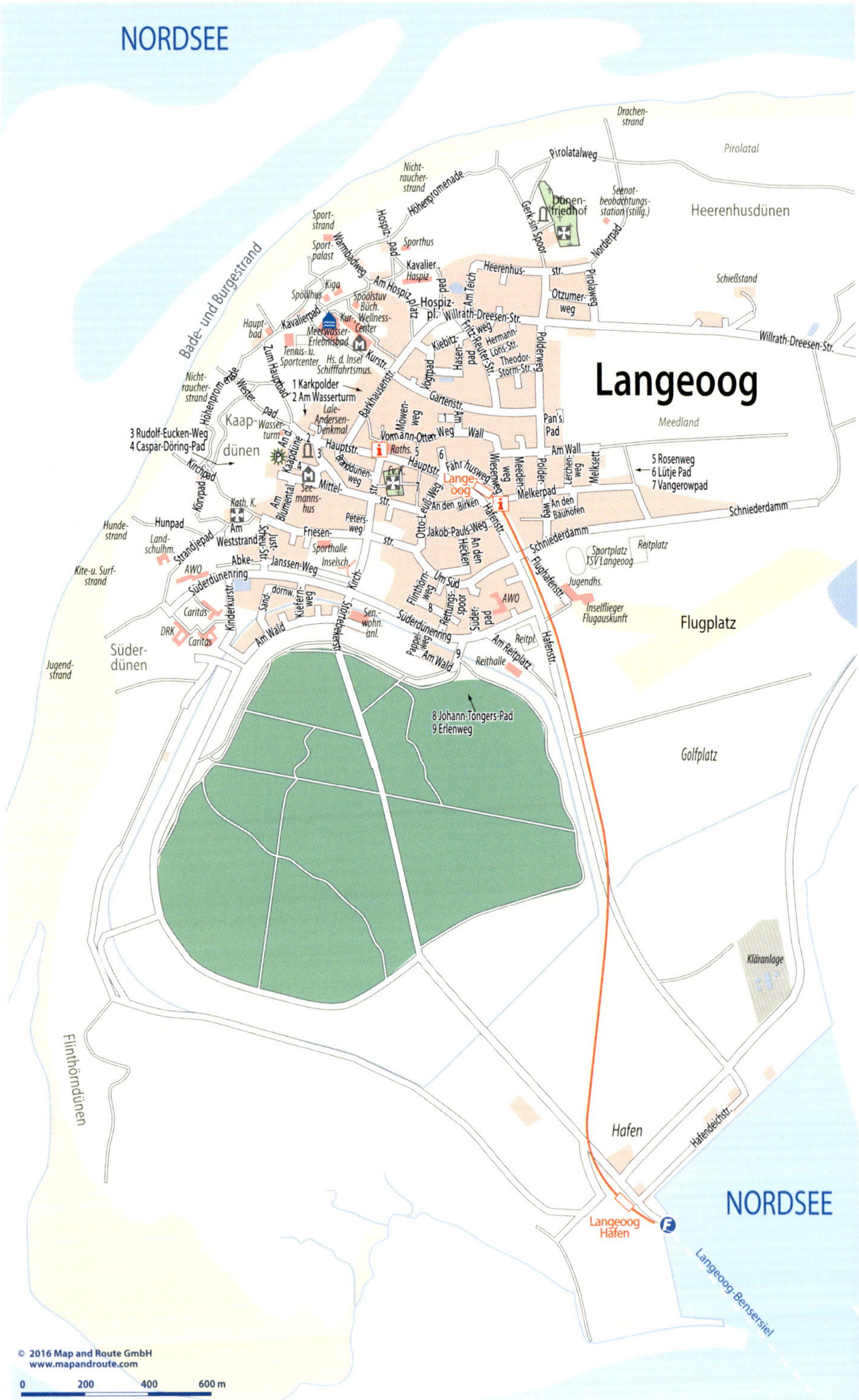
NORDSEE
Langeoog
Bade- und Burgestrand
Nicht-raucher-strand
Höhenpromenade
Sport-strand
Sport-palast
Sporthus
Kavalier-Hospiz
Pirolatalweg
Dünen-friedhof
Seenot-beobachtungs-station (stillg.)
Heerenhusdünen
Pirolatal
Drachen-strand
Schießstand
Willrath-Dreesen-Str.
Meedland
1 Karkpolder
2 Am Wasserturm
3 Rudolf-Eucken-Weg
4 Caspar-Döring-Pad
5 Rosenweg
6 Lütje Pad
7 Vangerowpad
8 Johann-Tongers-Pad
9 Erlenweg
Kaap-dünen
Schniederdamm
Sportplatz TSV Langeoog
Reitplatz
Jugendhs.
Inselflieger Flugauskunft
Flugplatz
Golfplatz
Kläranlage
Süder-dünen
Jugend-strand
Kite-u. Surf-strand
Hunde-strand
Flinthörndünen
Hafen
Hafendeichstr.
Langeoog Hafen
Langeoog-Bensersiel
© 2016 Map and Route GmbH
www.mapandroute.com
0 200 400 600 m

Platz für eigene Notizen:

Platz für eigene Notizen:

Platz für eigene Notizen: